# 映画論叢⑰

FROM ACADEMY AWARD WINNER JEAN-JACQUES ANNAUD COMES
THE FIRST DRAMATIC MOTION PICTURE FILMED IN IMAX 3D
WINGS
OF COURAGE
ジャン＝ジャック・アノー監督による初のアイマックス3D作品。
3D
SONY PICTURES CLASSICS

国書刊行会

# 映画論叢57 もくじ

マイク・マズルキ

李香蘭と岩崎昶

国活巣鴨撮影所『三筋の糸』（1919年10月）の撮影スナップ

表紙写真：満映スタア・季燕芬

扉写真：（上）『愛と勇気の翼』チラシ
（下）銀幕の日満親善。左から橘公子、鄭曉君、黒田記代、松平富美子、劉春榮、王丹

ジョン・フォード周辺

# それぞれの俳優人生 3

猪股徳樹

## マイク・マズルキ（マザーキ）という俳優

Mike Mazurki　１９０７〜１９９０

マイクはあまりにも多くの顔を持ち、多芸な人で、ここで俳優と呼ぶのも抵抗がある。この人はウクライナ生まれのポーランド人で、父方も母方もそれこそ多くの民族の血が入り混じっているようだ。６歳のときに家族でアメリカに移住して、ニューヨークに住む。マンハッタン大学で美術の学位を取る傍ら、アメリカンフットボール、バスケットボールに勤しみ、遂にはプロレスの世界に身を投じ、プロレスラーを主な職業とした。やがてはハリウッドからレスラー役の映画出演のオファーが来るようになり、俳優マイク・マズルキの誕生となる。

この当時、日本もプロレスが興業として大成功を収めていた。それこそ多くのアメリカ人プロレスラーが来日して、大暴れをした。その中にシャープ兄弟という人気レスラーがいて、弟はマイク・シャープと言う名。一部の映画ファンは、早速この人とマイク・マズルキを取り違えてしまった。しかも家電メーカーのシャープが兄弟を宣伝キャラクターに使ったので、物事が複雑になったようだ。マイク違いの懐かしい想い出である。

当時の人気ナンバーワンは何といっても力道山で、国民的大スターだった。日本の映画界はこぞって力道山の映画を作った。ある映画会社は新作にマイク・マズルキ

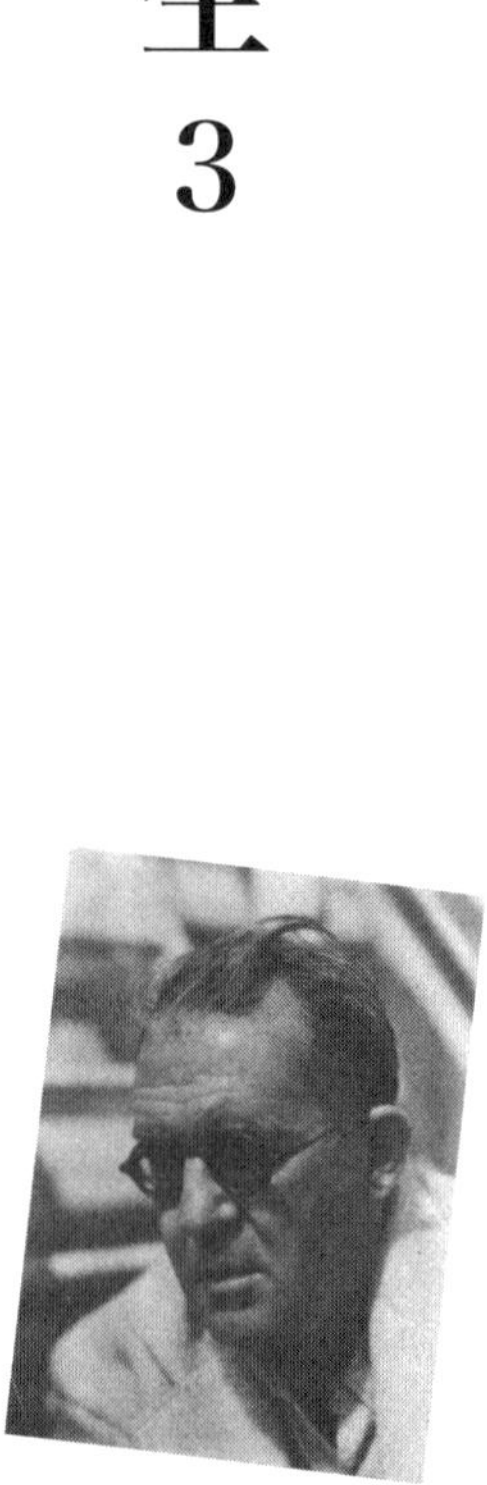

を呼んだ。レスラーと俳優を兼ねていたのが理由だろう。1956年の『男の魂』という作品。背後に反社勢力のゴタゴタのある力道山との試合に来日したレスラーの役。リング上で反社側の凶弾を受け、「試合に汚い部分がもしあったら、俺を許してくれ」と言って絶命する役どころ。

マイクは来日のついでに、本業のプロレスの試合を2本組んだ。1本目の対戦相手は遠藤幸吉でマイクの負け。2本目は東富士と対戦しマイクの負け、との記録が残っている。プロレスラー、マイク・マズルキはあまり強い選手ではなかったのか？　あるいは、日本側のシナリオに従ったのか、はてさてオプションで京都旅行でも付いた返礼か。この世の表側で､正義感溢れるマイクなんて、似合わない事だけは確か。

俳優マイク・マズルキをどんなタイプの俳優かと説明するのは難しい。それはマイクが余りにも多くの顔をもっているので、どんな映画にも対応が効くからだ。アジア系の役どころが多い。日本人を演じたこともある。要するに無国籍の顔立ちと言おうか。怪しい組織の人間、コメディ、インディアン、ギャングの子分。いずれもタフで、荒仕事を生業としているオーラが売り物。1934年から映画に出はじめて、1990年までに167本の映画とテレビドラマに出た。後半はテレビがほとんどとなったが、その中でジョン・フォードが相次いで3本の映画に重要な役で呼んでいる。

豪快で大酒飲みが、フォードにとって大切なキャラクターなのだが、ヴィクター・マクラグレンが1959年に他界してしまった。その後釜が務まる役者をフォードは探していた様子がうかがえる。マイクにヴィックの代

わりが務まるとは思えないが、フォードは『ドノバン珊瑚礁』の、朝からビールを飲む警察官（ポリネシア人）の役で様子を見て、次に『シャイアン』で、クインキャノン古参軍曹に相当する曹長役を命じた。30年務めたアメリカ騎兵隊を定年退役して、その夜は大酒をあおって悪態をついたが、翌朝、進軍ラッパを聞くと退役を取り消して、皆が待っている隊列に戻り、威風堂々と駒を進めるという、フォード節全開のシーンで、マイクはベテラン曹長を精一杯演じた。さらには、サドルバッグにウィスキーを忍ばせて上官に見つかるという、ヴィクター・マクラグレンへのオマージュも忘れてはいない。泣かせるではないか。マイクに過大な期待を寄せたファンもいたが、それは無理というもの。ヴィックは元プロボクサーで、マイクは元プロレスラー。どちらもヘビー級。そんなところにフォードは何かを感じたのかも知れない。3本目の作品『荒野の女たち』でマイクは準主役の、馬賊の族長（モンゴル人）の役を演じたが、その後、フォードは高齢が理由で監督業の幕を閉じてしまい、マイクには4作目はもう無かった。もしフォード監督の下で俳優を続けていたらと、つい考えてしまう。何故なら、フォードは毒を薬に変えてしまう監督だから。

九州は小倉体育館の特設リングで遠藤幸吉との3本勝負で2本取られたマイクは、映画の神様ジョン・フォードのメガホンで3本の作品に出演して、映画俳優を締めくくり、以後多くのテレビドラマのオファーを受け、1990年に他界する最後まで、ゴツくて無国籍の顔を売り物に「何でも屋」を全うした。

## メニィミュールス・サンという俳優

Menyumules Son　生没年記録なし

映画史に残る名作『駅馬車』の野外撮影を、フォード監督はモニュメントヴァリィで撮影し、思わず息を飲む、美しい景勝を手に入れたばかりでなく、ここに住むナバホ民との人間関係も築いた。ナバホの男たちは、当時のアパッチ族の戦士に扮してカメラの前に立った。

フォードはアパッチ族の白人への憎悪心の説明にジェロニモを登場させて、クローズアップをイメージしたが、ナバホ民では無理だとフォードは察した。運よく一人のナバホに帰化したアパッチ族の男がいた。その名はロバート（ボブ）・メニィミュールスと呼ばれていた。メニィミュールスは〈沢山のラバ〉の意味。フォードはボブをジェロニモ役でアップのワンカットに使い、ボブは監督の期待に応えた。粗削りの木彫の様な顔の深いしわには、ナバホ民には無い好戦的な険しさが満ちていた。

それから9年後にジョン・フォードは『アパッチ砦』の撮影にかかる。アパッチ軍団の先頭に立つはコチーズ族長で、その後ろにはジェロニモがいつでも応戦できる姿勢で立っていた。演じるはボブではなく、その息子メニィミュールス・サンだった。ボブがナバホの女性をめとり、その間に生まれた息子《サン》である。英語では息子のSonをサンと発音する。サンも父親に負けず劣らず好戦的な顔立ち。まるでケンカに明け暮れた悪ガキが、そのまま大人になったよう

『駅馬車』のジェロニモ役の、父ボブ・メニィミュールス

『アパッチ砦』のジェロニモ役の、息子メニィミュールス・サン

な顔だ。

しかし、彼らアメリカ先住民は、私たちとは同じ血を引くアジア系の民族と言われている。何かしら、ご近所さんの様な親しみもまた覚える。

サンは以後フォードがこの谷にロケ隊を連れて訪れると、馳せ参じてはアパッチ、コマンチ、シャイアン等の戦闘隊長の役を一手に引き受けた。

ハリウッドには膨大な映画関係者の登録システムがあって、全てはエージェントを通して仕事が入る。ネーティヴアメリカンの中にもハリウッドを目指し成功した人も大勢いるが、この谷のナバホの民たちは、あくまでもフォード監督が来れば協力体制を敷く、いわば監督の私設軍団だ。法的には現地雇用のエキストラという立場で、

「ローカルアクター」と呼ばれる。そのためハリウッドの登録システムやユニオンに記録は残らない。サンを始め、ブラッドリィ兄弟、ビリー・イエローなどの常連たちの年齢や生存確認の情報が筆者の手元には無い。世界には著名なフォード一家のフィルモグラフィやデータベースがいくつか存在するが、このナバホレギュラーたちの情報は事実（顔と名前）の不一致が目に付く。筆者自身も自分が正しいと思う確証はなかった。

折しも恥ずかしながら、筆者に初めてのモニュメントヴァリィ訪問のチャンスが訪れた。現地に行けば何かヒントが得られるだろうと思って赴いた。そこには堂々と正解が鎮座していた。モニュメントヴァリィの最初の入植者ハリー・グールディングの居住棟が、現在はミュージアムになっているが、そこにメニィミュールス・サン

の銅像が建っていたのだ。仕事から離れ穏やかに休日を楽しむサンの顔だが、アパッチの戦闘隊長と明らかに同一人物であり、名前と顔も一致して、世界のフォード研究家に正しい答えを示していた。

この銅像を建てた作家も、炎のようなジョン・フォード狂なのだろうと信じて止まない。サンがハリウッドの喧騒とは別の世界のこの谷の片隅で、ひっそりとたたずんでいるこの自然さ。この彫刻家は誰よりもその事を理解していたのだろう。ここを訪れる一般観光客には、この銅像の存在理由は解らないだろう。それで良いのだ。

メニィミュールス・サンがジョン・フォード監督の基で戦闘隊長を演じた作品は以下である。

『アパッチ砦』『黄色いリボン』『幌馬車』『リオ・グランデの砦』『捜索者』『バファロー大隊』『馬上の二人』『シャイアン』。

サンはジョン・ウェインに乞われて、フォード作品以外にもいくつか出演しているが、それは人間関係からの友情出演であり、あくまでもジョン・フォード西部劇で、誇り高くもインディアンの戦闘隊長役がサンの専売で、サンの人生であった。

## スタン・ジョーンズという俳優

**Stan Jones** 1914〜1963

Yippie yi yay (イッピー ヤイ イェーーー)

Yippie yi ooh (イッピー ヤイ オォーーー)

青春の日々に、この曲を口ずさんだ人は多いのではないだろうか。大ヒットしたカントリー曲の、『Ghost Riders in the Sky』のパートである。この当時はウエスタン音楽と呼んだ。今となっては古典曲になったが、作詞、作曲はスタン・ジョーンズによる。

スタンは根っからの西部の男だ。大学時代は収入のためロデオをやっていたらしい。海軍に入隊し、退役後、森林警備隊や様々な職業に就き、砂漠のレンジャーが主な職業となった。デスヴァリィを拠点に自然保護観察官として広範囲のエリアの巡回が主な職務だった。スタンの車にはいつもギターが積んである。夜、たき火の前で一人食事を済ませ、満天の星空を仰ぎながら、スタンはギターを弾き、多くのカントリー曲を作曲した。スタンの曲は都会の喧騒の中で生まれた曲ではない。漆黒の砂漠の孤独の中で生まれた曲が多いはずだ。

　そんな日々を送るスタンが、デスヴァリィで映画のロケ隊と遭遇した。ジョン・フォード監督を頭に大勢のスタッフやスターたちで、『三人の名付親』の撮影をしていたときだ。丁度、サボテンを絞って飲み水を作るシーンだったが、サボテンからは一滴も水が滴り落ちない。

「その種類のサボテンからは水は出ませんよ」

「貴様は誰だ」

「レンジャーのジョーンズといいます」

　こうして二人の人間関係は始まった。映画を観る限り、サボテンから水が垂れているので、何かトリックがあったのだろう。一晩中、水に漬けておいたとか。

　ここで再び「ゴーストライダーズ・イン・ザ・スカイ」に話を戻そう。この大ヒット曲は、実に大勢のシンガーにカバーされた。一例を挙げると、ビング・クロスビー。ペギー・リー。フランキー・レイン。トム・ジョーンズ。エルビス・プレスリー。ジョニー・キャッシュ。ベンチャーズ。

　ディーン・マーティンなどなど以下50名のシンガーがカバーした。日本では小坂一也がカバーしている。さらにはテレビドラマなどでのこの曲の挿入は後を絶たない。こちらも50例があって、これからも使われるだろう。スタンは砂漠の知識を惜しみなくフォードに提供し、本作品ではテクニカルアドバイザーのポジションを拝受する事になった。

　そんな関係になったスタンは、自身の未公開の曲を何曲かギターで弾き語って、監督をすっかり虜にして、次の映画に二人の絆を繋げた。

　フォード監督は2年後に『幌馬車』の製作に入った。

そしてスタンは「苦難の開拓劇」に挿入するための、オリジナル曲の作曲を依頼された。スタンは即対応し、新曲を届け、器楽よりコーラスの良さを提案し、この曲の表現に相応しいコーラスグループ「サンズ・オブ・ザ・パイオニアーズ」を監督に紹介し、即採用された。ついでの話になるが、『幌馬車』のテレビ版『幌馬車隊』の主題曲はスタンが作曲したのか手元に情報がないが、日本でカバーしたのは平尾昌晃で、日劇の「ウエスタンカーニバル」でも唄われた。

さらにその年に『リオ・グランデの砦』の製作が開始され、再びスタンは何曲かのオリジナル曲を提供し、コーラスグループの面々は砦の音楽隊の触れ込みで、スタンはベテラン軍曹の役で映画出演を果たした。その4年後の『捜索者』のラストシーンに流れた主題曲を、その3年後の『騎兵隊』の冒頭に流れたマーチ調の主題曲を作った。お馴染みのあの曲はスタンの作詞作曲なのである。

男は自分の心と魂を探し求める
探し求めて旅に出る
いつかは見つける心の安らぎ
だが、それはどこにある
旅に出ろ。馬でさまよえ

『捜索者』より

さらにスタンは『騎兵隊』では、南北戦争の最高司令官、ユリシーズ・グラント将軍を演じた。

スタンはその後テレビ界に移り、多くのテレビドラマに出演した。我々にとって懐かしいポリスアクションの『モーガン警部』の助手のオルセンはスタン・ジョーンズなのである。46話続いた。まだまだ沢山あるはずだ。

スタン・ジョーンズは49歳の若さで他界してしまったが、彼の曲はこれからも唄われ続けるだろう。

巨匠ジョン・フォードとタッグを組んで名作を音楽の面で支え、時には俳優として出演し、多くのテレビドラマをも支え、本業であるウエスタン音楽の作曲者としてのポジションを守り通したスタン・ジョーンズ。このジャンルは時代とともにそのスタイルを変え、呼称を変えて、現代ではカントリーミュージックの名で、アメリカの心を世界に届け、愛されている。

（いのまた・とくじゅ）

## コロナの下で
# 時は過ぎゆく
片山陽一

芝居には三つの匂いがある。劇場の匂い、劇団（役者や演出家）の匂い、そして観客の匂いである。コロナで観劇のブランクがあったせいか、以前よりそれに敏感になっている。今年3月に紀伊國屋サザンシアターでこまつ座の『日本人のへそ』（栗山民也演出）を観たとき、国会図書館でしんぶん赤旗の縮刷版を読んでいるのと同じ気分を味わった。これは井上ひさしの戯曲の所為だけではなく、観客に依るところが大きい。どこで笑うのか、何を求めて芝居に来ているのか。舞台と観客の呼吸が劇場で混じり合う、その匂いに独特のものを感じたのである。井上作品は、憲法で例えれば、前文の後すぐ「金科九条」がくるような、空想的なロジックに貫かれている。芝居の嘘と歪んだ現実認識が重なるのが彼の作風だが、論理として壊れていても、役者の演技や熱量に流されて結構楽しく観てしまえるのが芝居の怖いところだ。何しろ周りの観客の大半も同じ壊れた論理に生きているから、不思議とそのフィーリングは身体が理解してしまうのである。いっそのこと一条改正・九条死守の改憲派になれば嘘がなくていいのに、そうできないのが「井上ひさしのへそ」なのだと、客席にいるとふと腑に落ちる。真実を見出すためにフィクションを紡ぐのではなく、その逆を行くこと。これをプロパガンダという。それでも相互理解は大切だ。時々はこまつ座に足を運んだり、駐日ロシア連邦大使館のツイッターを覗くような真似もした方がいい。洵にどんな芝居でも観ておくにしくはない。

◇

坂東巳之助が映画『新聞記者』のシム・ウンギョンや青年団の古舘寛治らと共演する予定だったミュージカル『消えちゃう病とタイムバンカー』（長久允演出）は、公演関係者からコロナ陽性者が複数出たため4月6日の初日を遅らせたが、結局《万全な状態に仕上げられないと、無観客ライブ配信も含めて全日程を中止した。緊急事態宣言の二度目と三度目の間にあたり、全席販売の公演も多かった時期だから、代役も立てずに止めてしまうのを少なからず奇異に感じたけれど、本当に作品が形になっていなかったのかもしれない。当然私の切符も払い戻されたが、何もこのメンツの中に歌舞伎から巳之助が入らなくてもと思っていたので、残念半分・安堵半分が正直なところだった。こんな他愛ない感想を漏らすにも気を遣わなくてはならないほど、不自由な世の中になってしまった。だから片岡秀太郎のブログ「秀太郎歌舞伎話」で《昔から森さんが好きです！》から始まる21年2月12日の投稿を読んで驚き、嬉しくなった。ピントがズレている点があるにせよ、血の通ったものを感じたからだ。《…私は女性大和撫子が好きです！森喜郎（※ママ）さんも女らしい女性は大好きでいらっしゃると思います。撫子を自負してバットを振り回すのはやめて欲しいです。（略）あくまでも「温故知新」の心を持たないと、戦わずして国は失われます》。もちろんこれは2月3日の森喜朗発言とその顛末に対する、秀太郎丈の《個人的な気持ち》だ。発言の切り取り報道から始まった「ジェンダー平等」の威を借りた袋叩き。『輝虎配膳』で山本勘助の母・越路を当代随一の深みをもって演じる秀太郎丈は、「革命無罪」と同じ屁理屈に乗っかる令和の世への違和感を、昭和の人間として肌で感じたのだろう。

今になって、雑誌「インパクション」(休刊)が14年に「返上有理！2020東京オリンピック徹底批判」の特集を組んでいたのを思い出す。反五輪の会とかオリンピック災害おことわり連絡会、あるいは宇都宮健児の五輪中止のネット署名運動などの流れは、コロナ禍から始まったものではなかった。感染規模の小さい日本の現実より報道で作られた幻影を恐れる人々の、ある意味で真っ当な「五輪より人命が大切」という考えは、かくて造反有理の「右に向かって左折する」レールに無自覚に乗せられてしまう。秀太郎丈の言う「温故知新の心」こそ現代にもっとも必要な智慧ではあるまいか。

◇

三度目の宣言が出る一週間ほど前の4月17日、忘れ難い舞台に接した。藤間藤子・蘭景の追善を兼ねた舞踊会「第71回紫紅会」。場所は国立劇場大劇場。第一部のトリ、藤間勘左の東明流「都鳥」に非常な感銘を受けたのである。

理由は二つある。一つは東明流「都鳥」をいま踊られたということ。この曲は安政初演の長唄「都鳥」と同じく隅田川界隈を描いているが、時代が異なり、明治になって徳川の世を懐かしむ哀感が込められている。勘左はこの藤間藤子振付の素踊りを明解に踊り、哀愁をくまなく伝えた。地に足がついたロマンティシズムとでも言おうか。勘左は二代目松緑の子で、早逝した初代辰之助の異母弟にあたる。また日本蝶類科学学会の理事でもある。

いま一つの理由は三味線（女性）と唄（男性）の三丁三枚がマスクをつけずに演奏したことだ。ほかの義太夫や清元等の地方は歌舞伎座と同様、口元を布で覆って演奏したのにである。誰の指示によるものか知る由もなく、余計な説明もなかった。ただ、この東明流「都鳥」を、今まで通り演奏し踊りきる。それだけのことが、どんな言葉より勁い、時代への批評となった。無論これは私の拡大解釈で、演者たちに深い意図はなかったのかもしれない。だが私は、行うことの美と力をそこに見たのだった。宣言に従って劇場や演芸場を閉めるべきか、そもそも芝居や娯楽は不要不急かといった議論は、煎じ詰めれば生活の要請で、芸とは関係ない。興行師が考えればいいことだ。

最善を尽くした芸は自ずと何かを描き出す。観る者がそれを見出す。もしかしたら、芸とは見出される力なのかもしれない。ともあれ、発信し社会に関わることばかりをよしとする昨今にあって、真に孤高の反骨を感じた舞台は、この「都鳥」だけなのである。

（かたやま・よういち）

東映敵役列伝

# ㊙映画出演本数くらべ

最上敏信

濱田研吾氏の「脇役本・増補文庫版」（二〇一八年・筑摩書房）を読み返して俄然ヤル気になる。東映時代劇トップスターを相手に毎回大活躍をする敵役を並べてみた。若い頃作成したフィルモグラフィを皆の前でお見せしたところ、某著名な方から「ああこんなもの誰にでもできますよね」と笑われた。しかし今ではそれがバネとなって、「誰でもが知っている映画のことで恐らく誰にも出来そうにもないこと」をやってやる！と心に誓いフィルモグラフィ作成がライフワークとなった。トッテモアリガト…。

筆頭は誰が何と云おうとこの人、月形龍之介。東映時代劇ローテーション八人目のスター。最初はプログラムピクチャーとして市川右太衛門の代役でスタートするが大ヒットをしてシリーズ化され堂堂の一四本。本数、さらには品格といい所作口跡いずれも月形黄門の右に出るものはいない。大久保彦左衛門を八本、近藤勇を七本、大岡越前守を五本、などと善人役もかなりの数に上る。しかし個人的には大川橋蔵の葵新吾に敵対する、武田一眞五本が最高。決闘は、どう見ても相手の方が数段格上であるという図式にした方がヒーロー危うし感が増して断然面白くなる。また主役クラスの市川右太衛門、大友柳太朗、若山富三郎、大川橋蔵を相手の「風流使者天下無双の剣」では、月形の仙台黄門こと藤木道満は、大敵役を一人で引き受けた。吉良上野介、黒駒勝蔵などの定番の悪役と共に、善良そうな男が実は海賊の頭領であった、という役などはまさにピッタリのはまり役である。これまでの月形龍之介のフィルモグラフィは御園京平氏が作成した「龍之介抄」が完成版としてあるが、偶然その洩れを発見。一九五〇年五月一三日公開、大映「禿鷹―コンドル―」（安田公義監督）で、高木東吾じつは姉崎天心という役で出演している。恐らくまだ発見できていない映画はあるはずだ。映画出演総数は驚異の五〇二本。その内東映出演作は二一九本である。善悪両者を美事に演じ分けたのは月形龍之介だけらしい。

次は進藤英太郎、である。キネマ旬報社一九七九年一〇月二三日発行日本映画俳優全集に書いてあるが、千葉伸夫先生様の調査だと「映画出演総数およそ六百二十本」とある。オーイ！セリフのない大部屋のエキストラではないぞ。確かに、出演数はオーイが、こういういい加減な出演本数を書かれると、証拠をココに出して見せてみろ！と云いたくもなる。六〇〇本？一年で月十二本出演し続けたとしても五〇年間。幼少と老齢の時期の空白のことを考えれば簡単に判る、ありえない本数だ。もし仮にそんなスーパースターがいたとすれば、驚異的な出演本数で、ギネスブック登録へ申請可能。しかも困ったことに、それを信じきった方々が何人も一度も調べずに、同じ書き込みを続けて、ネット上では六二〇本の出演本数が真実のようになっているのだ。フザケルなッ！自分で調べろ！当然だが進藤英太郎本人のせいではない。そこで慎重に調べたところ判ったのはタッタ三五八本。東映出演作二一四本。代表作は、大友柳太朗の「右門捕物帖」全作において、あば敬こと村上敬四郎の七本だろう。現代劇でも「進藤の社長シリーズ」五本など主演作もある。ある幼い小学生の女の子が、進藤英太郎宛にファンレターを送るとすぐに自筆の返事が来た。ほとんど敵役ばかりのこんな渋い俳優に出すか？と信じられないような話であるが東映時代劇が大好きであった私の姉、福島秀美（故人）だった。ただし中学生になると洋画専門へ裏切ったようである。

大敵といえば忠臣蔵の吉良上野介を挙げる方も多いだろう。老獪なセリフと憎々しげな態度で、若い浅野内匠頭をいじめる役は、敵役の存在感が最も発揮できる役でもある。そこで東映の赤穂義士ものの吉良上野介役を調べてみた。一九五二年の「赤穂城」と「女間者秘聞赤穂浪士」では薄田研二、一九五四年の「残月一騎討ち」の高松錦之助、一九五六年と六一年の「赤穂浪士」では月形龍之介、五七年は「赤穂義士」で吉田義夫、ラストの一九六一年「忠臣蔵」は進藤英太郎であった。そんなバカな、山形勲がいないではないか。不破数右衛門や片岡源五衛門という義士役はあったが吉良上野介はとうとう演じられなかったのだ。だが観たような記憶もある。それが一九六九年フジテレビ系列のテレビ映画「あゝ忠臣蔵」で、念願の上野介役を射止めていた。

映画での代表作は七本演じた松平伊豆守かな、と思ったがこれは、たんなる脇役でもあり主役を補佐する重要な役どころ。「新吾十番勝負」での梅井多門や「庄助武勇傳会津磐梯山」の駒田主水（コマッタモンダと読むらしい）、「殿さま弥次喜多捕物道中」のコミカルな家老垣内権兵衛などがイイ役か。また「旗本退屈男謎の幽霊船」から「謎の暗殺隊」まで、孫大人、藤崎平九郎、柳沢美濃守、原口刑部、由比道節、内藤大和守重頼、唐金屋浪右衛門、咬雲斎と記録的敵役八本連続に出演していて敵役最多にも見えるが、実は月形龍之介と進藤英太郎は、イイ役もあるが、それぞれ一一本ずつの出演がある。ついでに片岡千恵蔵の遠山金四郎では、月形七本、進藤九本で、山形勲は三本しかない。それでも二九九本（内東映は二〇九本）の出演は凄い！念のため「多羅尾伴内シリーズ戦慄の七仮面」はプレスが先行したのか画像で見ると出演はしていない。

次は戦前の大都映畫では主役ばかりのトップスターであった阿部九州男。戦後病気のためであろうか二枚目が超極悪相になり、誰が見てもコイツは悪人だなと思わせる体形と形相になる。善人役で唯一思い出せるのは、マキノ雅弘監督「たつまき奉行」で遠山金四郎の配下、篠原権三郎だけで悪相を逆手にとった演出は観客を唸らせた。主演作が多いと当然だが出演本数も多くなり、月形龍之介の五〇二本に迫る一一本差の四九一本。東映作品だけでも二三五本ある。

東映時代劇が観ていて面白いと感じられたのは敵役の層が厚く、これでもかとヒーローを襲い、そしてバサッと斬られた結果だ。

増川仙右衛門、安五郎、赤松内膳、黒岩典吾、川勝親分、柳沼美濃、福島正則、兼田軍次、武居安五郎、渡海屋仁左衛門、笠間重兵衛、武居のドモ安、山岡要三、雲切竜右衛門、同じ、角丸平左衛門、日下部作十郎、飯岡助五郎、平山五助、内藤次郎右衛門、鳶の山の為五郎、内藤次郎右衛門、親不知の丑造、三浦屋四郎兵衛、安濃徳、磯野右衛門太夫、近藤勇、同じ、沼田佐渡守、難波鷲十郎、堀田出羽守、権六、闇鳥六兵衛門、と役名を並べたが、これは阿部九州男が一九六〇年の一年間に出演した東映映画で三三本もある。年間最多出演本数か？

敵役といえば吉田義夫が一番好きである。東映娯楽版では、「紅孔雀」の網の長者、「百面童子」のバテレン坊、「風雲黒潮丸」のルシアノ、「新諸国物語七つの誓い」のオンゴ将軍など、衣裳とメイクとオーバーな演技で子供達を喜ばせた。法隆寺壁画模写技官の肩書もある。松竹「男はつらいよ」に一二本も参加しての全三一九本は堂堂たる出演本数で東映作品は二七三本。また資料にある三七作目「男はつらいよ幸福の青い鳥」には画像でも確認したが出演はしていない。

加賀邦男は善悪両役を器用にこなした。代表作は、月形龍之介の水戸黄門全一四本のなかで空手チョップの格さんこと渥美格之進役を一〇本演じている。さらに大友柳太朗の快傑黒頭巾では五本の益満休之助。さらに坂本龍馬、西郷吉之助、桂小五郎などの大役もある。舟波邦之介の芸名もあり、息子たちも東映の俳優であった志賀勝と亀山達也である。出演作はオーイオイオイ、四三一本。東映出演では断然トップであり三四二本もある。

善悪両役ならば、徳大寺伸もいた。松竹現代劇の二枚目役でデビューしているが次第に脇役に回り東映時代劇での印象は薄い。守屋の幸吉、相馬主膳、子分の長吉、島津斎彬、同じ、泉屋平五郎、三馬の政蔵、徳川家慶、清十郎、大賀弥八、神沢の小五郎、間部詮房、大岡越前守、大庭陣之介、武右衛門、大庭陣之介、内藤茂十郎、秋山隼人、法印聖覚、多左衛門、島田三五郎、前畑三十郎、角太郎、榊原織部正、日野三平、山津波の権三、寺津間之助、隅田清五郎、寺津間之助、幸次郎、伊藤善右衛門、卍の黒兵衛、大熊、である。これは徳大寺伸が一九六〇年の一年間に出演した東映時代劇の本数三三本です。ヨーク見ると判るはずだが、先の阿部九州男と同数で年間出演最多記録となる。つまり一九六〇年の東映時代劇はすべての俳優たちが掛け持ちを続けた最盛期だったのであろう。徳大寺伸出演映画本数三五八本で先の進藤英太郎と偶然同数であり東映出演作は、二〇九本になる。

次もまた善人と悪人の両方を難なく

加賀邦男

こなした名脇役の原健策（旧芸名・原健作）がいた。すぐに思い出すのは、品川隆二主演のテレビ映画「忍びの者」の相手、百地三太夫。後に大映で市川雷蔵が石川五右衛門、霧隠才蔵などを演じた「忍びの者」は八本のシリーズがあるが、東映は映画とテレビ映画を厳格に区別して、いかにテレビシリーズでヒットしたとしても、映画にはならなかったのである。

原健策について俳優辞典には、立ち役、二枚目、色敵、敵役と大抵の役を難なくこなすとあるが、その豊富な知識と技量で若手俳優を指導するような立場でもあったようだ。女優松原千明は愛娘で松原すみれは孫。一九五九年「東映發展感謝記念忠臣蔵櫻花の巻」で静かに切腹に向かう浅野内匠頭役の中村錦之助を相手に地面にひれ伏してしのび泣く片岡源五右衛門役を代表作に推したい。また沖田総司役での「新選組京洛風雲の巻」は、出演していないので資料の削除が必要である。驚きの出演本数は、四五一本。東映出演も多くあり三一二本あった。

俳優名、題名、役名がゴチャゴチャしていて判り辛いという方はこの表をどうぞ！

| | | |
|---|---|---|
| 月形龍之介 | 五〇二本 | （東映二一九本） |
| 阿部九州男 | 四九一本 | （東映二三五本） |
| 原健策 | 四五一本 | （東映三一二本） |
| 加賀邦男 | 四三一本 | （東映三四二本） |
| 進藤英太郎 | 三五八本 | （東映二一四本） |
| 徳大寺伸 | 三五八本 | （東映二〇九本） |
| 吉田義夫 | 三一九本 | （東映二七三本） |
| 山形勲 | 二九九本 | （東映二〇九本） |

このように最初から表にすれば判りやすい！のだが、そうするとアト書くことが……。

ならばついでにこの方々を斬り倒した東映主演級スター俳優の方々も並べてみよう。

○片岡千恵蔵　三二四本
○市川右太衛門　三一九本
○大友柳太朗　二七一本
○里見浩太朗　一六七本
○東千代之介　一六四本
○美空ひばり　一六四本
○中村錦之助　一四四本
○大川橋蔵　一一五本
○伏見扇太郎　一〇一本

映画評論家というのは試験があってその試験に合格すればなれるのではない。配給会社、出版社、放送局などから直接オファーがあり映画の内容についての文章などを依頼されることにより多少の謝礼が出る程度。映画評論だけでの生活はまず不可能。

若い頃は映画について知った事柄をすべて本にして金持ちになる夢をみた。所詮これは全く無理な話で周りからオファーが来るどころか自主出版も出来なかった。最近はインターネットで簡単に調べることが可能になったせいもある。ところがコイツは誤字や浅れやニセの情報も豊富にありとてもすべては信じられない。最悪なのは、誤った内容についてメールで指摘してみたが、絶対に訂正はしない。それだけ自信があるのだろう。紙資料のプレスシートにも誤記は多々ある。それはキネ旬に書いてありましたから、と誤記があっても他人事のように返事をすれば済むのか！　幼少の頃から映画資料やプレスシートを収集し、題名一本についても丹念に資料と見比べることを繰り返して来た。これは例えば学者や評論家でも、やることは全員同じだ。調べる時間がないというだけの理由で、適当なことを書いてその場を凌ぐ。許されることではない！　俳優辞典より多少判りやすくなった？

その昔、一九五〇年頃から一九六〇年くらいまで、日本映画の黄金時代があった。邦画六社で週二本立てという映画の量産が始まり、各社でも俳優は育成するのが当たり前、俳優自身も過密スケジュールを平気でこなしていた。恐らく今後は絶対にあり得ない時代の出演本数だったのである。

そんなの嘘だろうとお疑いの方のために、さらに自分の好みで出演本数上位になりそうなベスト二〇俳優を選抜した。気になる女優さんは次の機会のために除いてある。

【〇一】伴淳三郎　四八二本
【〇二】志村喬　四一三本
【〇三】丹波哲郎　三七二本
【〇四】嵐寛寿郎　三五七本
【〇五】水島道太郎　三二六本
【〇六】高田浩吉　二九九本
【〇七】大河内傳次郎　二九三本
【〇八】長谷川一夫　二八八本
【〇九】柳家金語楼　二八〇本
【一〇】松方弘樹　二六六本
【一一】三木のり平　二六一本
【一二】小林桂樹　二五八本
【一三】黒川彌太郎　二五六本
【一三】鶴田浩二　二五六本
【一五】森繁久彌　二五二本
【一五】若山富三郎　二五二本
【一七】菅原文太　二四七本
【一八】梅宮辰夫　二四五本
【一九】近衛十四郎　二四二本
【二〇】阪東妻三郎　二三五本

敵役、悪役、脇役、仇役、など個性派俳優たちは、いわばスターを引き立て、主役の影に隠れていても絶対必要な相手役だ。

尚、この出演本数はすべて二〇二〇年一二月三一日現在の数字で東映は、東横映画、東京映画配給、第二東映、ニュー東映を含めた本数であり、同時に御園京平氏に倣って役名も出来る限り調べてある。たかが映画の出演本数！だが、なめたらイカンぜよ。

（もがみ・としのぶ）

楯の會々員がいま思うこと

# 断想——三島由紀夫と映画

谷輔次

本稿は、昨年十一月二十五日に斎行した三島由紀夫大人命　森田必勝大人命　五十年祭で頒布した「ＭＭ日乗〜五十年祭を迎へて〜（復刊第三号）」に寄稿した「斷想─三島由紀夫と映画」に、新たな映画関連文章などを加えたものである。因みに、ＭＭとは元楯の會々員を中心に発足した三島森田事務所の頭文字をとり、日乗とは永井荷風の「断腸亭日乗」にもあるように日記のことである。三島先生が映画、とりわけご自身が出演した映画を語る時に浮かべた満面の笑みを思い浮かべつつ、改稿してみた。三島由紀夫とその映画ファンのお役にたてば真に幸いである。なお、年号は昭和の年号が三島先生の満年齢と同一なので、和歴を原則として使用した。

## 入隊の経緯

私が、初めて観た三島由紀夫原作の映画は吉永小百合・浜田光夫主演の『潮騒』（日活　森永健次郎監督　昭和三十九年四月公開）である。中学三年生の春の東北修学旅行先の弘前で、宿を夕食後抜け出して映画館に行ったのだから記憶が鮮明に残っている。それから六年後に、まさか楯の會に入り三島先生と映画について話すことができるとは想像だにしなかった。

楯の會入会の切っ掛けは、三島先生の「反革命宣言」（『論争ジャーナル』昭和四十四年二月号）の中に「…天皇は、

『文化防衛論』

谷口雅春著『占領憲法下の日本』

われわれの歴史的連続性・文化的統一性・民族的同一性の、他にかけがえのない唯一の象徴だからである…」を見付け、今までもやもやしていた天皇とは何かが氷解したことであった。感激のあまり、三島先生に感謝の手紙を書いたところ、森田必勝楯の會学生長から一度お会いしたいという葉書が届いた、昭和四十四年初秋の頃であった。指定された新宿駅西口の交番前で森田さんと待合せるに際し、初対面なので私は前述の「反革命宣言」が所載されている「文化防衛論」（三島由紀夫著　新潮社　昭和四十四年四月二十五日発行）を目印とした。因みにこの「文化防衛論」は今でも私の枕元に置いてある座右の書である。交番近くの喫茶店ポニーで、今思い返せば楯の會入会の一次面接を受けたのだった。何を話したか忘れてしまったが、別れ際に「三島先生に会ってもらう」と言っていただいた。楯の會入会の最初の関門を突破できたのであった。数日後、森田さんから電話があり三島先生との面接の日時と場所を知らせてくれた。

　その日は確かに昭和四十四年十二月二十四日（水）であった。なぜなら面接場所の月光荘は銀座にあり、辺り一帯はクリスマスイルミネーションが輝きジングルベルが鳴り響いていたことを覚えていたから。また三島先生は毎週水曜日の午後を楯の會々員の為の時間としていたからである。なお、画廊の月光荘は三島先生夫人瑤子様の父君杉山寧氏が日本画家であったこと、文化人や財界人が集まっていたことから三島先生も何かと多用していた場所であった。

　三島先生との面接で、「H・Y氏は君の親戚かね？」と尋ねられ「ハイ、H・Yは私の大叔父です」と答えたことが記憶に残っている。「占領憲法下の日本」（「生長の家」創始者・初代総裁谷口雅春著　日本教文社　昭和四十四年五月五日初版発行）の序文（本書に寄せる）を三島先生が書いており、本文には「…ソ連はどうしても南

三島と面会する筆者（右）

下する必要に迫られているのであって、その事情分析をH・Y氏から（谷口雅春に）送って来られたので次に紹介する。…H・Y氏のソ連の南方侵略政策の分析は正鵠を得ていると思うのである。…」と載っている。三島先生は、当然本文を読んでいるのでH・Yと私の関係を調べて分かっていて質問したのであろう。大叔父のソ連分析を三島先生が評価していただいたお蔭で楯の會入会面接をパスしたと勝手に思っている。

そして翌昭和四十五年三月の一ヶ月間の自衛隊体験入隊を落伍せず修了でき、晴れて楯の會々員になったのである。

## 三島由紀夫の映画観

三島先生と自衛隊体験入隊時や楯の會月例会で、映画の話になったことがあった。今回は、三島先生が出演した『からっ風野郎』（昭和三十五年　念願叶った最初の主演映画）、『憂國』（昭和四十一年　三島先生の最期が去来する）、『人斬り』（昭和四十四年　まさかカツラをつける時代劇に出るとは思っていなかった）の三作品についてどう語っていたのか披露しておこう。

『からっ風野郎』の出演は、文士の道楽と思われて困った。大ファンだった若尾文子と共演できてとても嬉しかった。従来は夜の十時から仕事をはじめて、朝六時から七時ごろに床についていたのが、撮影中は朝七時起床、夜十時就寝に当初戸惑ったが徐々に慣れた。

『憂國』を企画した時、相手役の武山信二中尉夫人のイメージとして当初浮かんだのは村松英子であった。ところが彼女の兄の村松剛は親友であり、最愛の妹を裸体にし夫婦の交わりのシーンを演じてもらうとなれば、怒られるかもしれない。それを危惧して諦めた。

『人斬り』については、私自身剣道をやっており、テロを称賛していると思われている私を使えば宣伝効果抜群ということで田中新兵衛役が振られた。立ち廻りでは、大映京都撮影所が一年間に使う血ノリを一日で使いきってしまった。剣道とは違い相手が必ず倒れてくれるから気分爽快、帰京してから小説の執筆がとても捗った。

映画のエッセイ、インタビューや対談では三島先生は文豪、武人の領域を晒していない。しかし、やはり憲法について触れずにはおられなかったのか、映画誌の対談で、新憲法と安保について言及しているので以下に引用させていただくと——

ファシストか革命家か
戦後という赤ん坊を川に

三島——話はちがうけど、永井陽之助っていう学者ね、読んだ？

大島——ええ。

三島——ぼくはあのなかで言ってるの、ひとつだけ面白いと思ったのはね、なんで、安保賛成、新憲法賛成って言わないのか、なぜ安保反対、新憲法反対と言わないのか、なぜ安保反対、新憲法守れって言うのか。どうしてそのことがくっつくのかということを一生懸命書いているの面白いね。民族の問題だろう？　安保反対、新憲法反対というのは自立の原理だよ。それに、これも永井の言ってることだけど安保賛成、新憲法賛成というのは福祉の原理だよ。……安保反対、新憲法反対というのは民族自立の原理だ。……守れ、守れだけじゃダメなんだ。

一番汚らわしいと思うね。大江健三郎は〝守れ〟の犠牲になっていますよ。戦後を守れ、民主主義を守れを文学でやるのは方法が間違っている。なぜなら「守る」というのは剣の使命であって、言葉の使命ではないからだ。言葉はただ刺すだけだ。守ろうと思ったら、剣を執らなきゃだめだ。……（対談三島由紀夫　大島渚　司会小川徹「映画芸術」昭和四十三年一月号）

また、大宅壮一との対談では、『憂國』のテーマを分り易く解説しているので抜書しておく。

ぼくが作った〝憂國〟映画の内幕
死とエロスの一致、性感は精神的なもの

大宅――ちかごろの生活は、非常に単調だからね。夫婦関係でさえ、勤労奉仕みたいになっちゃったんだな。
三島――ハッハッハッハ、……。ところが、勤労奉仕じゃない夫婦があるということをこの映画で見せられると、うちへ帰ってから、とてもいいんじゃないですかな。あの映画は教育勅語と軍人勅諭を足して二で割ったもので、「夫婦相和シ、朋友相信ジ」というのが前半のテーマ、「命は鴻毛《こうもう》より軽しと覚悟せよ」というのが、後半のテーマなんですね。（「週刊文春」昭和四十一年五月九日号）

## 若松監督との対話から連想したこと

一昨年11月17日から25日まで池袋の新文芸坐で開催された「生誕95年・没後50年〈命日11月25日〉三島由紀夫　文学と映画」で上映された11作品の中の『11・25自決の日　三島由紀夫と若者たち』（若松孝二監督２０１２年）についても触れておきたい。この作品を観に行った理由は、ＤＶＤで観た時、楯の會のカーキ色の冬服があまりにも薄くペナペナしているように見えたので、劇場ではどのように映るのかを確認したかったからである。フィルム・大型スクリーンで観ると、ＤＶＤに比べてさらに素材の薄さが目立った。特に井浦新（三島由紀夫）が切腹する際、制服上着のボタンを外すシーンでは、本物は厚手の純毛の生地が映画の中ではまるでラシャ紙のようであった。

アメリカで購入したＶＨＳではあるが、『MISHIMA a life in four chapters』（ポール・シュレイダー１９８５年９月公開）の楯の會の制服の生地は、本物と同じ様に重量感があった。なお、この作品は瑤子未亡人の反対もあり日本では未公開、正規メディア未発売であるが、書籍「三島由紀夫と１９７０年」（板坂剛・編鈴木邦男・対談　鹿砦社　２０１０年11月25日）に参考資料映像として非合法ＤＶＤが付録になっている。また、三島由紀夫が榊山保名義で発表した？「愛の処刑」も参考資料として収録されている。野上正義監督の『愛の処刑』は、１９８３年11月に公開された。

何度かお会いしていたこの作品の若松監督から、三島由紀夫と楯の會の映画を作るから話を聞きたいという電話が突然入ったのは、公開の前年２０１１年秋だったと記憶している。彼の思想信条に拘らず、当時は観客動員が期待できるならあらゆるジャンルの映画も作るようになっていたことに、彼の作品は初期のピンク映画から観ていた私はいささか幻滅していたが、興味が湧き彼の申入れを承諾し、指定されたＪＲ阿佐ヶ谷駅近くの焼鳥屋に赴いた。

若松監督から色々と聞かれ、自衛隊体験入隊時の射撃訓練の撃ち方で「暗夜に霜が降るごとく」、つまり引き金は力（指）でなく心で引け、と指導されたことを話した。映画の中でも、拳銃や小銃の撃ち方を教えるシーンはままある。『荒野の七人』（ジョン・スタージェス監督　日本公開昭和三十六年）で七人の一人チャールズ・ブロンソンは、的に弾が全く当らない村人に「牛の乳を搾るように（引き金を）引け」と教えていた。因みに私がハワイで参加したジャングルトレッキングツアーのガイドは海兵隊出身で、彼に射撃訓練のことを尋ねたら「squeeze（搾れ）」と習ったと答えてくれた。アメリカでは開拓時代から変わらず現代でも同じ教え方をしているのだと納得した次第である。

次はシングルアクションのリヴォルバーについてである。『怒りの荒野』（トニーノ・ヴァレリ監督　日本公開昭和四十三年）の中で、リー・ヴァン・クリーフがガンマンの心得をジュリアーノ・ジェンマに伝授する時には、「撃鉄は優しく撫でてやれ、叩くのではなく」と指導していた。

若松監督に話したことをもう一つだけ紹介しておく。それは、楯の會に入会するための最終難関というべき自衛隊体験入隊では必ず受ける「自衛隊体力検定」である。「１００ｍ走」、「ソフトボール遠投」、「懸垂」、「走幅跳び」、「土のう運搬」、「１５００ｍ走」の六種目であった。「土のう運搬」とは、水害防止用に使われている土のうを想像してほしい。稲わら製の袋に土が50kg入った土のうを担いで50m走るというもの。初体験で土のうをどう持上げてよいのかも分らなかったが土のうを斜め前方に振上げ走りながら肩に乗せるコツを摑み何とか10秒を切るまでになった。この土のう運搬は、海上・航空自衛隊で種目に入っていなかった。現在は鉄兜・迷彩服を身に着け小銃を担ぎ20kgのタンクを50m運ぶ「重量物の運搬、積載」に代わっている。手榴弾投擲を想定した「ソフトボール遠投」は何故か無くなってしまった。「自衛隊体力検定」は、その後「腕立て伏せ」、「腹筋」、「３０００ｍ走」、「走幅跳び」、「ソフトボール遠投」、「懸垂」を経て、２０１６年度から共通体力検定（「腕立て伏せ」、「腹筋」、「３０００ｍ走」）と戦技等に直結する体力検定（幅90㎝の壕を跳び越える「超壕」、「重量物の卸下《しゃか》、運搬、積載」、50mをダッシュする「短距離疾走」）に至っている。

三島と楯の會々員たち。後方に筆者

## 私の『憂國』

紙幅の都合上三島映画の感想は『憂國』（35㎜　黒白スタンダード、１４０カット　７７２メートル　28分）のみとした。選んだ理由は、〈もし私（三島由紀夫）の小説を一編だけ読みたいといふ人があつたらば、広く読まれた「潮騒」などよりも、むしろこの「憂國」一編を読んでもらへば、私といふ作家のいいところも悪いところもひつくるめて、わかつてもらへるやうに考へてゐる。〉（製作意図及び経過「憂國　映画版」昭和四十一年四月）である。原作「憂國」を未読の方がおられるかもしれないので紹介しておく。「仲間から決起に誘われなかった新婚の中尉が、叛乱軍とされた仲間を逆に討伐せねばならなくなった立場に懊悩し、妻と共に心中する物語。三島の代表作の一つで、二・二六事件の外伝的作品である」（Wikipedia）

　この作品を初めて観たのは、日本で初公開された三年後の昭和四十四年四月、場所は国鉄中央線武蔵境駅北口にあった境映画劇場だった。オープニングで銀座鳩居堂で求めた巻紙に三島由紀夫本人が墨で書き上げた自筆のクレジットが左から右に流れた。カメラを横移動させ撮影したのだろう。原作、脚色、製作、監督、主演が三島由紀夫になっているところで、何故か舘内から失笑が洩れたがすぐに静まりかえったことを記憶している。なお、英語版ではタイトルは下から上に流れ、based on a Yukio MISHIMA's short story は下から上に流れ、based on a Yukio MISHIMA's short story "YUKOKU"(Patriotism),produced,directed,acted,written by Yukio Mishima になっている。

　映像を集約化・単純化するためか撮影日数を短縮し、製作費を抑えるためか能形式を採用した。〈主人公武山信二中尉の存在に、「小説家三島由紀夫」の影が射していたら、私（三島由紀夫）の企画はすべて失敗である。〉の言葉どおり、三島由紀夫は自分と判らないように軍帽を深く被り無感情な演技（mystification）をしていた。これは面を付け素顔を隠すシテに相当する。一方、面を付けず通常は男性が演じるのがワキであるが、本作では女性で麗子武山中尉夫人役の鶴岡淑子が演じた。様式化された能の舞台ではまず起こるはずはないベッド・シーン（第三章　最後の交情）や自刃場面（第四章　武山中尉の切腹、第五章　麗子の自害）は大胆な演出であるが、英語版の題名『The Rite Love and Death』（愛と死の儀式）を考えればやむを得ない。

　この映画はセリフを使わずに物語の背景や情景は字幕で説明するとしているが、第一章　麗子、第二章　武山中尉の帰宅、第三章以外の第四章と第五章は字幕の解説が無い。この二つの章はいずれも自刃のシーンである。映像がすべてを描写しているので字幕を不要にし観客

『からっ風野郎』の記事

各々に解釈に委ねているのではないか。能の笛（能管）・鼓《つづみ》の代りにまたセリフの代わりに、本作では「愛の死《リーベストート》」をワグナーの「トリスタンとイゾルデ」の伴奏としているのも又英語版の題名に相応しい。この「愛の死」の収録されている音源は、二・二六事件が起こった1936年に発売したレコードで、三島由紀夫が探し出した。劇中この音楽を継ぎ目もなくノイズもカットせず流し続けるなど、妥協を許さない熱情を感じざるを得ない。

本作を映画館で観たのは今から50年前。武山中尉が切腹した時に腹から腸が溢れ出るショッキングなシーンが瞼に焼き付いている。これ以外は覚えていないので、どんな演出をしているか知りたく今回DVD（2006年購入）で観直してみた。武山中尉が切腹する前に、腿に小刀の先端を軽く滑らすと一条の血が股に流れるシーンがあった。単なる試し斬りではない、観客の期待している三島由紀夫の切腹シーンへ直ちに進ませない焦らしの演出である。新妻麗子の武山中尉への究極の愛情を描いていると思ったシーンがあった。武山中尉が首に留めを刺す際、小刀が軍服上着の詰襟に引っ掛かり首に突き刺さらないと、麗子が歩み寄り背後に回り詰襟を左右に開くと小刀が首に刺さり項《うなじ》から突き出るまでである。武山中尉は喉笛の右側を小刀で突き刺し、麗子は左側を懐剣で突くという違いも見つかった。武山中尉が切腹し息絶えた後、麗子が橋掛かりを通り鏡の間に移動する時は舞台の床は白いままであったが、麗子が死化粧を施し舞台に戻ると床は血の海に変っていた。これは死化粧に充分時間を掛け普段の顔から死出の顔に変わったことを物語っている。舞台正面奥に松羽目のかわりにかけてある「至誠」の軸を背に、切腹した武山中尉は俯伏せに倒れた。麗子が自害するために舞台に戻り、武山中尉の頭を観客に向け仰向けにする一瞬のカットがある、じっくり観ないと見逃してしまう。仰向けにする必然性がある。麗子が武山中尉の頭を抱き上げ首の下に手を入れて顔を上向きにし、血だらけの唇を袖で拭き別れの接吻するカットに至るからである。台本には無いが視覚的に余韻が残る印象的なシーンもあった。武山中尉が切腹し絶命すると、軍帽が頭から転げ落ちた。麗子が死化粧の為に橋掛かりに向う時、白無垢の裾の端が今まで床に立っていた軍帽に触れパタリと倒れるところである。裾と軍帽を糸で繋いだ仕掛けをしたようには見えなかったし態々何度もリテークしたとは思えない、偶然だったのだろうか？　麗子の悩ましさを感じたシーンがあった。武山中尉の屍の傍らで自決する直前、懐剣を帯から取出し鞘から抜いた刃を舌にあてた瞬間、偶さか興奮してしまった。

日本の映画俳優は欧米の俳優と比べて恋人同士の愛情を表現するよりも夫婦愛を描く方が得意だったように、この作品の三島と鶴岡も教育勅語の「夫婦相和シ」を見事に演じきっていた。「朋友相信ジ」は、蹶起に誘われなかった武山中尉が自決することにより叛乱軍の汚名を着せられた親友の青年将校たちを討たずに済んだことで描出されている。武山中尉の遺書でも、「皇軍萬歳」と一言だけ書いて青年将校との友情を貫き通している。「天皇陛下萬歳」とは書いていない、神棚には「天皇皇后両陛下の御真影」が飾られているにもかかわらず。「憂國」（初出　昭和三十六年一月）の後年に「英霊の聲」（初出昭和四十一年　六月）を発表した。その作中、神主に憑依した二・二六事件の青年将校と神風特攻隊兵士が昭和天皇を呪詛する、その際叫んだ畳句（リフレイン）「などてすめろぎは人間《ひと》となりたまひし」に収斂していくのではないだろうか。

そしてラストシーンは、自刃して血塗《まみ》れになり折り重なって倒れている武山中尉夫婦のその血がぬぐい去られ、床が白布から枯山水の砂紋に変わり波を様式的に表したような別次元な情景になっていた。愛（肉体的愉楽）と死（肉体的苦痛）—『憂國』英語版題名『The Rite Love and Death』（愛と死の儀式）—を経て至福の境地に達した二人が、まるで大海原に乗り出すような清々しさが伝わってきた。ラストシーンをクランクイン初日の一番目に撮影していた。自決で血みどろになった衣裳でこのクライマックスを撮ることはできないからだ。因みに、ラストシーンを俯瞰撮影するためのクレーンの到着が遅れたが、本来やりたくなかった中抜きを使うことにより（大蔵映画の）スタジオを借りていた二日間で撮り終えることができた。通常、監督はクランクインするとクランクアップまでの時間があるので丹念に撮ったり、現場のキャストやスタッフの調子を見ながら楽なシーンを撮る。そして全員が波に乗り勢いが付いたところでクライマックスを撮る。今回撮影期間がわずか二日間、クライマックスをクランクイン初日の一番目に持ってこなくてはならないという制約があったが、この悪条件を超克したからこそ秀抜な作品になったと思っている。

最後に、この作品はパリのシネマテークの試写の評価も高く世界で最も権威のあるツール国際短篇映画祭に出品した。全世界から出品された330本のうちの40本のコンベンション作品に選ばれ、外電ではグラン・プリ受賞の可能性が報じられたが、残念ながら次点となった。三島は「（『憂國』が）外人を驚かすための妙なエキジビショニスティックな映画だという説もあり、そこで評価が完全に半分に割れちゃったんです」と語っている。昭和四十三年にはノーベル文学賞を逃している。果たして三島はどちらの落選を悲嘆にくれたのだろうか。

## 半世紀後の映像から

『三島由紀夫vs東大全共闘 50年目の真実』は、TBSで発見したフィルム原盤をリストアし上映したためか映像・音声が思ったよりクリアでまるで東大教養学部900番教室にいるかのような臨場感があった。そしてナビゲーターが不倫騒動の渦中にある東出昌大、出演者なら登場シーンをカットできるがナレーションの撮り直しは酷なのでそのまま公開してしまったのか、話題を呼ぶという計算も当然あったのだろう。以上のような感想しかなかったが、本誌の依頼もありこの作品の深奥を究めてみた。

「私（三島由紀夫）は右だろうが左だろうが暴力に反対したことなんか一度もない」と「天皇という言葉を一言彼等（東大全共闘）が言えば、私（三島由紀夫）は喜んで一緒に（東大安田講堂に）とじこもったであろうし、喜んで一緒にやったと思う。（笑）」は独り歩きしている感はあながち否めない。前者における暴力を三島先生は無原則、無前提に否定しているわけではなく、国家を暴力機構と規定したり軍隊を権力の暴力装置と規定する左翼の定義には同調していなかった。後者における三島先生の天皇観は文化概念の天皇であり、ゾルレン（理想）の天皇でありザイン（実在）の天皇ではない。９００番教室にいた東大全共闘も聴衆も、映画館の観客も「文化防衛論」や「『道義的革命』の論理」を読んでいないと、三島先生の天皇観を断じて理解できるはずはない。これからこの作品を観る方は、三島由紀夫の「砂漠の住民への論理的弔辞」と東大全共闘の「三島由紀夫と我々の立場――禁忌との訣別――」「あるデマゴコスの敗北」「時間持続と空間創出」を併せて読む事をお勧めする。双方の論拠がより明確になってくること疑いない。なお、これら四論考は討論を終えたあと双方から寄せられた討論会の印象、反省、言い尽せなかった点、確認しておかねばならぬ差異、その他補足説明等である。

この作品はドキュメンタリーとは言え平野啓一郎、内田樹、小熊英二、瀬戸内寂聴の四名は９００番教室にいなかった余所者としての登場であり、他の九名（楯の會会員、東大全共闘、ジャーナリスト）は実際に現場にいた証人としての登場である。この区別を認識してこの作品を観る必要がある。余所者を登場させたことは、『映画論叢55』での瀬戸川宗太さんのご指摘通り「本作の数少ない（？）欠点」である。私の結論、この作品は三島由紀夫生誕九十五年・没後五十年を当て込んだ際物映画に過ぎない。

次に昨年ＮＨＫで放送された二つの「三島由紀夫五十年祭」特別番組について触れたい。が、その前に昨年８月16日の「ＴＢＳサンデーモーニング」を紹介しておく。「風をよむ」のコーナーで、三島由紀夫・野中広務・後藤田正晴・日野原重明・野坂昭如・筑紫哲也の順番で登場し、全員があたかも「平和の尊さと戦争の愚かさ」を説いているかのような映像を流した。三島先生の発言は、「第２項（筆者注：戦力不保持）がいけない」をカット編

『憂國』英語タイトル

集し「戦争しないってことは立派なことです」のみであった。以下が三島先生の全発言であるが、卑劣極まりない世論操作報道が横行している今日この頃、三島先生の真意を正確に後世に伝えることが、私の役儀だと自負している。

「僕（三島由紀夫）、憲法9条が全部いけないって言ってるんじゃないんです。つまり、人類がですね、戦争しないってことは立派なことです。第2項がいけないでしょ。第2項がとにかく念押しの規定をしているんです。アメリカ占領軍がね。念押しの指摘しているのを日本の変な学者がね、逆解釈してね、自衛隊を認めているわけでしょ。そういうことをやって、日本人はごまかし、ごまかし生きてきた。二十何年間。で、僕は大嫌いなんですよ、そういうことは。僕は、人間はごまかしてね、そうやって生きていくことは耐えられない。本当、嫌いですね」（２０１７年にＴＢＳが社内から発見した録音日１９７０年2月19日の「未発表肉声テープ」）

さて、昨年11月21日（再放送11月26日）にＮＨＫ総合で放送された「ＮＨＫ　ＳＰＥＣＩＡＬ　三島由紀夫没後50年の〝素顔〟」は、三島先生の肉体的コンプレックスのみ強調するだけ、出演者達は当事者ではなくその証言は表層的で新たな発見は皆無であった。視聴者が最も知りたがっている「何故三島先生が昭和45年11月25日に市ヶ谷台で義挙に出たのか」の言及も欠落していた。この番組はＮＨＫ報道番組担当が制作したので、ＮＨＫ制作局が制作した11月28日にＮＨＫ　Ｅテレで放送された『ＥＴ特集「転生する三島由紀夫」』を期待していた。しかし、それは甘かった。

昨年8月私にＮＨＫ制作局のＥＤ（エグゼクティブ・ディレクター）から、三島由紀夫特番の取材依頼文書が届いた。その文中、二箇所で三島由「起」夫になっていた。私は直ぐにそのEDに、番組の主役そして誰もが知っている著名人である三島先生の名前を番組責任者であるEDが間違えるとは番組内容以前の問題であり怒りを超え信じられない、完璧な番組ができるとは到底思えない旨を伝えた。数日後、謝罪と、訂正した取材お願い文書が届き、8月上旬に取材を受けた。これがケチの付き始めであった。

案の定、トップであるEDの三島先生に対する思い入れと見識以上の番組内容にはなり得なかった。例えば、三島先生が昭和45年11月25日に義挙「市ヶ谷台の変」に出たのは、楯の會も一緒に行動する可能性が高かった自衛隊の「治安出動」が前年10月21日の国際反戦デーに無く、警視庁機動隊だけでデモ隊を呆気なく鎮圧してしまったからであった。「治安出動」という重要なキーワードと楯の會の理論的かつ精神的支柱であった「文化防衛論」に一切触れられず映像も無かったのは甚だ不満であった。「市ヶ谷台の変」が起こる一週間前の11月12日から17日まで池袋東武百貨店で開催され遺言とも言われた「三島由紀夫展」の四つの河（書物の河、舞台の河、肉体の河、行動の河）を模した番組構成で、冒頭に舞台の『MISIMA　2020』を持ってきている。この舞台で上演された『『憂国』（『（死なない）憂国』』は、三島先生の「憂國」を読んでいないと何のことか分からない。主人公は不倫騒動の挙げ句、杏と離婚した東出昌大である。『MISIMA　2020』を冒頭にして端から視聴者を混乱させるのは明らかに番組構成ミスであり構成意図が理解しかねる。四つの河の「書物の河」がなく、戯曲「サロメ」が本来なら「舞台の河」であるはずなのに「肉体の河」で取り上げるという杜撰さには辟易した。

私の知己も、こんな感想を私に洩らしている。私も全く同感なので最後に紹介しておく。「楯の會発足の意味や必要性が説明されていないので、初めての人はコスプレ集団にしか見えませんよ。私は怒っています。三島先生はさまざまな顔がありさまざまな描き方ができます。しかし、ここまで敬意が感じられない番組は初めてです。楯の會がちゃちな左翼と変わらないような描き方で、残念でした。もっと崇高な思いがあったはずなのに、楯の會会員が三島さんの自決後、のうのうと楽な生活を楽しんできた人たちにしか見えませんでした。」

（たに・すけつぐ）

旧著再読

# 東宝争議の原因？

沼崎肇

『炎の男』（近代思想社　昭和23年刊）

楠田清監督が自身のシナリオを小説化したもの。主人公・銀平は国鉄の機関助士。或る晩、操車場に貨車泥棒が現れる。銀平は機関車を動かし、その貨車に連結して奪い返す。お手柄の筈だが、勝手に機関車を動かしたことで、望んでいた機関士昇格の受験資格を喪失する。組織の官僚性に絶望し、ヤケになった彼は、抜荷団に誘惑され生活も荒む。そんな彼を救ったのは、組合活動に挺身する旧友だった。組合こそ我々の希望なのだ、と目覚める銀平であった…と、まァ、よくある左翼モノでした。岩崎昶、伊藤武夫のプロパガンダ臭芬々の序文もついてるけど…でもこれが東宝争議の原因になった問題作とは、とても思えない。戦前のプロ小説なんて、もっとグロで暴力的なのゴマンとあった。つまりは作品そのものより、当時最も過激だった国鉄の組合が介入してくるのを防ぎたかったんだろう。

でも映画というもの、実際にフィルム化してみないと。現場のアドリブでどうなるか分からないからね。楠田が独立プロで撮った『最後の女たち』（54）はヒドかった（川崎市市民ミュージアムで鑑賞）。赤紙一枚で引っ張られた兵士たちは犯罪者扱い、そのくせ一旗揚げようと占領地で水商売やってた連中は民間人だから被害者、っていう視点にビックリ。『炎の男』もフィルム化したら、どうなってたかな。

（ぬまざき・はじめ）

前号「パラマウントのビスタビジョンカメラ」の訂正　宮原茂春

内山一樹さんより御指摘があったので、ここに訂正します。勘違い多々、恐縮です。

1　ビスタビジョンカメラの重さは50キロ？（p4）
⇩200キログラム以上あった。

2　大映が『釈迦』のためにビスタビジョンカメラを購入した（p7）。
⇩大映のビスタビジョン第1作は1957年6月25日封切りの『地獄花』。『釈迦』はこのビスタビジョンカメラを使ったスーパーテクニラマ方式。

3　プリントは70㎜にブローアップ、スーパーテクニラマと呼ばれた（p7）
⇩ビスタビジョンカメラに画像を左右圧縮するアナモフィック光学装置デルラマ（凹面鏡とプリズムを組み合わせたものなのでアナモフィック・レンズと言うのは不正確）を付けて撮影するのがテクニラマ（35㎜プリント）、およびスーパーテクニラマ（70㎜プリント）。

4　ヒッチコック映画はパラマウントでも撮っていた（p9）
⇩『泥棒成金』（55）から『めまい』（58）まで3年間で5本のヒッチコック映画のうち、ワーナーの『間違えられた男』（56）を除く4本がパラマウントであり、MGM『北北西に進路を取れ』（59）までビスタビジョンで撮ったヒッチコックは誰よりもパラマウントのビスタビジョンが好きな監督だった（ビスタビジョンではないが、1960年の『サイコ』もパラマウント。63年の『鳥』以後は全てユニバーサル）。

《映画の見かた》の見かた㊴

# 他人事にあらず

重政隆文

　蓮實重彦は『言葉はどこからやってくるのか』（２０２０年10月、青土社、以下『言葉』）『アメリカから遠く離れて』（２０２０年11月、河出書房新社、以下『アメリカ』）『見るレッスン』（２０２０年12月、光文社、光文社新書、以下『レッスン』）を連続して出した。まるで「月刊蓮實」だ。これらの本に収められているのはほとんどが講演原稿や対談、インタビューなど口頭によるもので構成されている。書くのとしゃべるとでは重みが違ってくる。

　主体性をもって自ら書くための気力や体力が蓮實においてはすでに減退している。「そのような題名の書物を刊行する意志など、著者はこれっぽっちも持ってはいなかった」（『言葉』３３４頁）。「著者である蓮實個人の視点など学ばれるにはおよびません」（『レッスン』３頁）、「もう二度と新書を書くまい」（『レッスン』２０３頁）などとひねくれている。もちろん蓮實の言葉を額面通りに受け取ってはいけない。そのひねくれ方こそが蓮實の文章の魅力の一つなのだ。ニヤニヤ楽しめばいい。

　蓮實は三島由紀夫の『仮面の告白』を読んだ時、「これなら俺にも書ける」（『言葉』24頁）と思った。そして三島由紀夫文学賞を小説『伯爵夫人』で受賞した。賞も蓮實の小説も新潮社だ。小説家としての三島を認めていないのだから、その名を冠した文学賞の受賞を辞退するという策もあったが、蓮實は受けた。グラウチョ・マルクスの「私を会員にするようなクラブには入りたくない」をもじって、「私を選ぶような賞は受け取りたくない」と言って辞退するとカッコ良かったかもしれない。

　正式な受賞挨拶の原稿と記念インタビューが『言葉』に収録されている。これが「凡庸」でつまらない。質問者を小馬鹿にしたような受け答えをする実際の受賞記者会見のやりとりもこの本に収録してほしかった。受賞挨拶は「聴衆を前にしてマイクを握ると何を口走るか分かりませんので」（『言葉』７頁）原稿を読むだけで済ましている。蓮實の魅力が光るのは何か口走った時である。

　蓮實はフランス留学時、フランス人の知り合いの妹を「途方もなくかわいらしく」感じ、「この女には手を出してはいけない」（『言葉』21頁）と自戒する。蓮實にも劣情を催したことがあったのだ。一種の「仮面の告白」か。彼女は『伯爵夫人』の、ある登場人物のモデルだという。蓮實は彼女の気を引くためボードレールの詩を暗唱してみせたという。当人は自慢げだが、その中高生みたいな背伸びぶりが私には気恥ずかしい。

　映画批評の書き方に関する記述では次の文章が蓮實レトリックの謎解きとなる。

　「感動的だ」ってあからさまに書いちゃった文章が私にもいくらかあ

ると思いますけれども、それはほとんどレトリックだと思っていただければいい。本当の感動したところについては書けない。(『言葉』104頁)

蓮實の大絶賛、大批判など真に受けるのが間違いなのである。レトリックや語り口を楽しめばいい。ただ、それらの鋭さが減退しているのが残念だ。

蓮實は瀬川昌久と連続対談し、『アメリカ』としてまとめた。瀬川は1924年生まれ、蓮實は1936年生まれ。瀬川がしばしば名前を忘れたり地名を勘違いしたりするのも、その年齢なら当然だ。蓮實は事前に資料を集めたりネットで確認したりしている。二人は共に学習院から東大へ進学した同窓である。年齢差があるので校内で会うことはなかったが、同じ先生から教えを受けている。話は弾むが、個人的な話などそれほど面白くない。瀬川は蓮實ほど映画を見ていないので、映画の話題はごくわずかだし、話が出ても発展しない。ある種、神格化されている小林秀雄に関してはいつもの蓮實が顔を出す。

蓮實　……溝口健二が日本の題材を扱いながら世界の最先端を行っているということを、小林秀雄たちはまったくわかってなかったんですね。そのわかってなかったということは、彼らが、文化というものは、近代というものは、ヨーロッパから来たものだと考えていたことに表われていると思います。アメリカを認めてないんです、小林秀雄は。(『言葉』69頁)

しかし、この小林観にしてもすでに何人かが提示してきたことなので、特段、珍しく貴重な発言だとも思えない。

この本では瀬川の話の方が面白い。例えばSKDと宝塚歌劇では、SKDの方が脚をいっぱい出すので艶めかしくていいと少しはにかみながら言っている。また、瀬川は敗戦直後、海軍の復員省で南方の引き揚げ兵を連れ帰る仕事で、復員兵と共に女性集団を復員船に乗せている。台湾の基隆と朝鮮の釜山で女性を下ろした。慰安婦である。軍が関わっている。

映画放談的な『レッスン』は、今回取り上げた三冊の中では最も生き生きしている。蓮實は懺悔気味に過去を振り返る。

今はわたくしなどがコメントを書いて、それで映画に客が集まるという時代ではなくなってきています。ただし、蓮實の名前を使っておけばいいといったプロモーションの目的で、形としては時々コメントを出しますが、それで見に行く人なんてごく限られているわけでしょう。(『レッスン』5頁)

ゴダールの新作が公開されるたびに蓮實が宣伝文を書いたと記憶する。東京方面では蓮實が褒めると何千人かの観客が動くとはよく聞いた。大阪人は良識があるので蓮實の褒め言葉に釣られない。近年のゴダール作品など、私が見た映画館にいたのは常に数人の観客だけだ。

近年、蓮實はＤＶＤに慣れ親しんでいるようだが、映画館に対する姿勢は従来と変わりない。

　喜びとともに、本当に喜んでいいのかという不安。ただ喜んでいるだけでは駄目だし、ただ心配になっているだけでも駄目なのです。その塩梅は、やはり実際に映画館で画面と向かい合う孤独みたいなものを体験することでしか得られません。（『レッスン』７〜８頁）

さらに、下手をすると蓮實を真似て映画批評、映画研究を志したかもしれない批評家や研究者に対しても厳しい対応をする。「最前線でどんなことが起こっているかということに、絶えず自覚的でなければならない」「それができなくなったら映画研究者ではない」「新しいものを次々と見ている人もいないわけではありませんが、ほとんどは自分が専門とするものを見て、それについて書いて終わりでしょう」（『レッスン』27頁）と言いながら、現在、フォード論にかかりきりであることに自省的である。

要するに今現在、映画館でかかっている作品を見ようともせず、ＤＶＤや配信で映画を研究している人たちへの警告だ。しかし、これも以前から何度も書いてきたことの繰り返しだ。現在では蓮實のこの繰り言に耳を傾けない研究者も多くなった。

年をとると繰り言が増える。『ホットギミック』（２０１９年）の山戸結希を「ショットが決まっていない。撮ることへの畏れや被写体に対する愛情がないし、被写体に惚れているという自分自身に対する確信もなく、ただキャメラを回して撮っているだけ」（『レッスン』28頁）、「要するに、山戸さんは天性が何なのか分からない。そういう人が映画を撮っているからイライラするのです」（同57頁）のように二度にわたって貶している。

この老評論家の言うことを真に受けてはいけない。なぜなら、蓮實は「上映が始まるとすぐに腹を立ててしまい、15分で出ました」（『レッスン』28頁）と書いているからだ。この作品の大半を見ずに判断している。映画評論家として最低限の義務を怠っているのだから、山戸は蓮實の言うことなど相手にしなくていい。

同じ手口で西川美和も「彼女も駄目です。わたくしは２〜３本見てやめました。誠実な人だと思いますが、何らここという瞬間がない」（『レッスン』51頁）と貶されている。山戸作品と同じく15分で退席していたら「ここという瞬間」を見逃している可能性もある。西川の近著を読めば分かるが、彼女はこのような老人の戯言など意に介さない図太さと飄々とした軽さを併せもっている。

ゴジラ関連映画も１９６０年代までは全部見ていたが、その後、見ていないという。その上で、『シン・ゴジラ』を貶す。「政治家が出てきたり、官僚が出てきたりと、あんなものは全く要らないと思いました。さらに肝心のゴジラの存在感がない。それこそ脚本の失敗ではないでしょうか」(『レッスン』１６７頁)。昔はもっと気の利いた貶し方をしていた。今では、アンチ・ゴジラファンの捨て台詞みたいに聞こえる。やはり、老齢による手詰まりか、あるいは放談の文章化にすぎないからか。

日本人がドキュメンタリーを敬遠するのは、「ＮＨＫが飽きずに撮っている退屈な自称『ドキュメンタリー』から先入観を植えつけられているのだと思います。適当に音楽が入ってナレーションがつづいている画面の連鎖をドキュメンタリーなどといってはいけません」(『レッスン』１０６頁)と書く。しかし、ＮＨＫを含めテレビ・ドキュメンタリーの大半が退屈であることは、すでに想田和弘や是枝裕和が繰り返し述べてきた。

蓮實は佐藤真の『阿賀に生きる』(１９９２年)の製作を応援し、月々、寄付を送ったという。さらに撮影拠点に出向き、スタッフたちと雑魚寝したそうだ。それを自慢げに語っている。蓮實は贔屓体質なので、この作品に対する彼の批評からは贔屓目を少し引き算しないといけない。

老人は徐々に子供っぽくなっていく。蓮實は青年時代、自分で作った「殺人リスト」について少し悪ぶって書く。今のところ蓮實がそれを決行したというニュースは聞かないが、リストに入れられたのはエリック・ロメールやアンドレ・バザンである。「こいつは絶対殺してやる」(『レッスン』１２８頁)と物騒なことを書いている。怒りは彼らが自分の好きな作品を低く評価したからにすぎない。実は「嫌いな奴リスト」レベルかもしれない。

確実に間違った記述が一つある。

その藤井さんが「増村を出します」といって刊行されたのが『映画監督増村保造の世界』(ワイズ出版、増村保造著、藤井浩明監修)という上下の2巻本です。文庫本でも出て、少し読みやすくなりました。(『レッスン』１７１頁)

私はこの本を刊行直後に読んだ。分厚い単行本(1巻本)だった。それから15年後に上下の2巻本の文庫版になった。蓮實が手に取ったのは単行本か文庫版か。それとも実際には手に取っていないか。さらにあるいは単なる記憶違いか。編集者もボーッと聞いているだけなのか。あるいは蓮實のような権威者の言うことには間違いがないとでも考えているのか。

私もそうだが、誰でも年をとれば衰える。同じ話を繰り返す。記憶力が減退し、何を思い出せないのかすら分からなくなる。精神的縛りが緩んでしまって、謙虚さや羞恥心のタガがはずれ、つい自慢話やエロ話に耽ることもある。他人事ではない、と自戒する。

(しげまさ・たかふみ)

## ＩＭＡＸの昔と今

# フィルムＩＭＡＸの迫力は圧倒的だった

内山一樹

近年、シネコンでは、ハリウッド大作の新作など大ヒットが見込まれる作品は、通常のスクリーンの他、特大スクリーンのＩＭＡＸ（アイマックス）や座席が動いたり観客の顔に風が吹き付けたりする４Ｄなど、特別料金が上乗せされる特殊施設でも同時に上映されることが通例になって来た。今回は、この特別上映方式の一つである特大スクリーン、ＩＭＡＸの誕生から現在までを、駆け足ではあるが、体験をもとにたどってみたい。

### ＩＭＡＸの誕生と進化

一九六七年、カナダのモントリオール万博でマルチスクリーン映像の製作と上映に携わったカナダ人のグレーム・ファーガソンは、仲間のローマン・クロイター、ロバート・カー、ウィリアム・Ｃ・ショウとマルチスクリーン社 Multiscreen Corporation Ltd. を設立し、複数の映写機による大型映像の技術的問題を解決するため一台の映写機による大型映像の開発に乗り出した。

一九七〇年、彼らは、七〇ミリ・フィルムを水平に走らせて、一コマが通常の三五ミリ映画の九倍、七〇ミリ映画の三倍のフィルムによる巨大映像システムＩＭＡＸを完成させる。ＩＭＡＸの最初の作品『虎の仔』Tiger Child（一七分）は、七〇年三月から半年、大阪吹田市の千里丘陵で開催された日本万博の富士グループ・パビリオンで上映された。この年、マルチスクリーン社は社名もIMAX社 IMAX Corporation Ltd. に変更した。

IMAXという名称は、Image（映像）と Maximum（最大の）の二語の最初の文字を組み合わせたもの。「マルチスクリーン」は一般名詞で商標登録も難しいから、新しい映像システムには独自の名称を考えようとファーガソンたちが昼食時にハンガリー料理のレストランで考え出したと言う。

撮影では六五ミリ・フィルム、映写では七〇ミリ・フィルムを水平走行させるIMAXのランニング・スピードは毎秒二四コマで、一コマの画面比は三五ミリ映画のスタンダード・サイズに近い一・四三対一（又は一・四四対一。フィルム一コマの画像の寸法は六九・六ミリ×四八・五ミリ）。これを七〇ミリ映画の三倍のスピードで走らせて、幅三〇メートル、高さ二一メートルぐらいの巨大平面スクリーンに映写する。

音声は六チャンネルで、当初は三五ミリのシネテープ（磁性体を塗布したフィルム）に記録したものを映像とシンクロさせて再生していたが、九〇年代末にDTS方式を導入し、映像のフィルムに記録された同期信号によってハードディスクに記録された無圧縮のデジタル音声（DTSはCD―ROMに記録されたデジタル圧縮音声）をシンクロ再生するようになった。六チャンネルの振り分けは、スクリーン裏に左・中央・右とそれに加えて重低音、場内後方にサラウンド左・サラウンド右という構成だった（後にハードディスクはCD四枚に変更）。

最初にIMAXが常設で設置されたのは七一年五月で、場所はカナダ、トロントの娯楽商業地域オンタリオ・プレイスのシネスフェアという劇場。この劇場はオンタリオ・プレイスの再開発で一時閉鎖するが、二〇一七年にフィルムとデジタル両方に対応したIMAXシアターとして再オープンしている。

IMAX社の普及努力の結果、IMAXは、博覧会だけでなく、科学館・博物館を主な設置場所として世界中に徐々に広まって行った。

一九七三年には、サンディエゴ科学ホール（現在のルーベン・H・フリート科学センター）を第一号として、プラネタリウムのような半球状のドーム型スクリーンにIMAXを映すオムニマックス Omnimax も登場した。オムニマックスの撮影と上映には魚眼レンズが使われる。

3Dについては、一九八五年に茨城県で開催された国際科学技術博覧会（つくば科学万博）の富士通パビリオン・コスモドームで上映された『ザ・ユニバース―私たちは星から生まれた』We are Born of Stars（一一分。オムニマックスではない）が3Dだったが、これは色彩が犠牲になるアナグリフ方式（赤青メガネ方式）だった。左右それぞれに偏光をかけた映像を偏光メガネで見る、色彩が損なわれない方式の3Dは、一九八六年のバンクーバー国際交通万博のカナダ館で上映された「トランジションズ（移行）」Transitions（二〇分）が最初である。

## 最初のIMAX体験と新宿のIMAX

大阪万博の世界初の後、IMAXが再び日本にやって来たのは一九七八年、東京のお台場で開催された宇宙科学博覧会（宇宙博）（第一期＝七八年七月一六日〜七九年一月五日／第二期＝三月二四日〜九月二日）で、宇宙博ホールで上映された作品は『人は大空へ』To Fly!（二七分）だった。

私は、高一の夏休みに七〇年の大阪万博に行ったが、IMAXは見なかった。初めて私が見たIMAXはこの宇宙博の『人は大空へ』で、七九年三月二九日のことである。

気球から列車、自動車、そして飛行機、ジェット機、さらにサターン・ロケット、未来の宇宙船で火星、木星、土星を過ぎ、最後は地球に戻って、視界いっぱいの丸い地球で終わる、という内容だった。

幅三〇メートル、高さ二三メートルの大スクリーンに映された鮮明な巨大映像の迫力は圧倒的で、目の前に広がる景色は現実と錯覚させるリアリティがあり、高速で前進するショットは非常な快感だった。シネラマや七〇ミリ映画を初めて見た人々のショックと驚きはこういうものだったのだろうと実感した。

宇宙博の後、日本でも、八一年のポートピア'81、八二年の北海道博覧会などの博覧会だけでなく、八三年、三重県のナガシマスパーランド、八七年、大阪の天王寺公園、九四年、軽井沢のサントリー・ミュージアムなどに常設のIMAX施設が作られるようになって行った。

そんな中で、九六年一〇月四日、新宿駅の南口にオープンしたタカシマヤタイムズスクエア（新宿高島屋）の一二階に東京アイマックス・シアターが開場した。運営は、この劇場のために同年九月にソニー・ミュージックが子会社として設立したSMCシネクエスト。

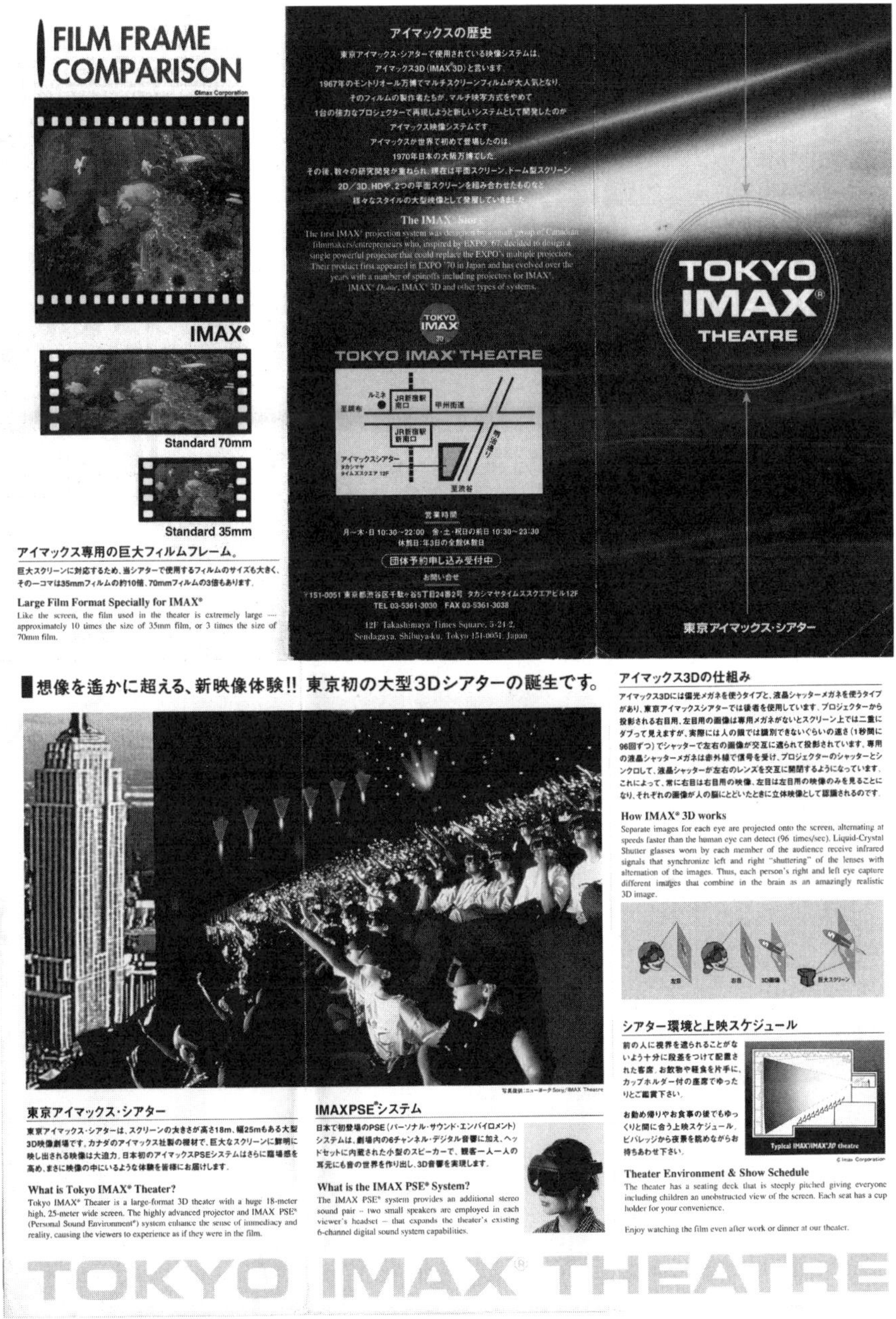
FILM FRAME COMPARISON
©Imax Corporation
IMAX®
Standard 70mm
Standard 35mm
アイマックス専用の巨大フィルムフレーム。
巨大スクリーンに対応するため、当シアターで使用するフィルムのサイズも大きく、その一コマは35mmフィルムの約10倍、70mmフィルムの3倍もあります．
Large Film Format Specially for IMAX®
Like the screen, the film used in the theater is extremely large — approximately 10 times the size of 35mm film, or 3 times the size of 70mm film.
アイマックスの歴史
東京アイマックス・シアターで使用されている映像システムは、アイマックス3D（IMAX®3D）と言います．
1967年のモントリオール万博でマルチスクリーンフィルムが大人気となり，そのフィルムの製作者たちが，マルチ映写方式をやめて1台の強力なプロジェクターで再現しようと新しいシステムとして開発したのがアイマックス映像システムです．
アイマックスが世界で初めて登場したのは，1970年日本の大阪万博でした．
その後、数々の研究開発が重ねられ，現在は平面スクリーン，ドーム型スクリーン，2D／3D，HDや，2つの平面スクリーンを組み合わせたものなど様々なスタイルの大型映像として発展していきました．
The IMAX Story
The first IMAX projection system was designed by a small group of Canadian filmmakers/entrepreneurs who, inspired by EXPO '67, decided to design a single powerful projector that could replace the EXPO's multiple projectors. Their product first appeared in EXPO '70 in Japan and has evolved over the years with a number of spinoffs including projectors for IMAX, IMAX Dome, IMAX 3D and other types of systems.
TOKYO IMAX 3D
TOKYO IMAX THEATRE
ルミネ
JR新宿駅南口
甲州街道
至調布
JR新宿駅新南口
明治通り
アイマックスシアター タカシマヤ タイムズスクエア 12F
至渋谷
営業時間
月～木・日 10:30～22:00　金・土・祝日の前日 10:30～23:30
休館日：年3日の全館休館日
団体予約申し込み受付中
お問い合せ
〒151-0051 東京都渋谷区千駄ヶ谷5丁目24番2号 タカシマヤタイムズスクエアビル12F
TEL 03-5361-3030　FAX 03-5361-3038
12F Takashimaya Times Square, 5-24-2, Sendagaya, Shibuya-ku, Tokyo 151-0051, Japan
TOKYO IMAX® THEATRE
東京アイマックス・シアター
想像を遥かに超える、新映像体験!! 東京初の大型3Dシアターの誕生です。
写真提供：ニューヨークSony/IMAX Theatre
東京アイマックス・シアター
東京アイマックス・シアターは、スクリーンの大きさが高さ18m、幅25mもある大型3D映像劇場です．カナダのアイマックス社製の機材で、巨大なスクリーンに鮮明に映し出される映像は大迫力．日本初のアイマックスPSEシステムはさらに臨場感を高め、まさに映像の中にいるような体験を皆様にお届けします．
What is Tokyo IMAX® Theater?
Tokyo IMAX® Theater is a large-format 3D theater with a huge 18-meter high, 25-meter wide screen. The highly advanced projector and IMAX PSE® (Personal Sound Environment®) system enhance the sense of immediacy and reality, causing the viewers to experience as if they were in the film.
IMAXPSE®システム
日本で初登場のPSE（パーソナル・サウンド・エンバイロメント）システムは、劇場内の6チャンネル・デジタル音響に加え、ヘッドセットに内蔵された小型のスピーカーで、観客一人一人の耳元にも音の世界を作り出し、3D音響を実現します．
What is the IMAX PSE® System?
The IMAX PSE® system provides an additional stereo sound pair -- two small speakers are employed in each viewer's headset -- that expands the theater's existing 6-channel digital sound system capabilities.
アイマックス3Dの仕組み
アイマックス3Dには偏光メガネを使うタイプと、液晶シャッターメガネを使うタイプがあり、東京アイマックスシアターでは後者を使用しています．プロジェクターから投影される右目用、左目用の画像は専用メガネがないとスクリーン上では二重にダブって見えますが、実際には人の眼では識別できないぐらいの速さ（1秒間に96回ずつ）でシャッターで左右の画像が交互に遮られて投影されています．専用の液晶シャッターメガネは赤外線で信号を受け、プロジェクターのシャッターとシンクロして、液晶シャッターが左右のレンズを交互に開閉するようになっています．これによって、常に右目は右目用の映像、左目は左目用の映像のみを見ることになり、それぞれの画像が人の脳にとどいたときに立体映像として認識されるのです．
How IMAX® 3D works
Separate images for each eye are projected onto the screen, alternating at speeds faster than the human eye can detect (96 times/sec). Liquid-Crystal Shutter glasses worn by each member of the audience receive infrared signals that synchronize left and right "shuttering" of the lenses with alternation of the images. Thus, each person's right and left eye capture different images that combine in the brain as an amazingly realistic 3D image.
左目
右目
3D画像
巨大スクリーン
シアター環境と上映スケジュール
前の人に視界を遮られることがないよう十分に段差をつけて配置された客席．お飲物や軽食を片手に、カップホルダー付の座席でゆったりとご鑑賞下さい．
お勤め帰りやお食事の後でもゆっくりと間に合う上映スケジュール．ビバレッジから夜景を眺めながらお待ちあわせ下さい．
Typical IMAX®/IMAX®3D theatre
© Imax Corporation
Theater Environment & Show Schedule
The theater has a seating deck that is steeply pitched giving everyone including children an unobstructed view of the screen. Each seat has a cup holder for your convenience.
Enjoy watching the film even after work or dinner at our theater.
TOKYO IMAX® THEATRE

東京アイマックス・シアターの三つ折りパンフレット。表（上）と裏（下）。300×210㎜

入り口は一二階だが、その上の一四階までの空間を使ったスタジアム形式のシアターで定員は三四四席。スクリーンの大きさは幅二五メートル、高さ一八メートル。

最初の上映作品は３Ｄの『ブルーオアシス』Into the Deep（九四年／三五分）と『遥かなる夢・ニューヨーク物語』Across the Sea of Time（九五年／五一分）だった。前者は南カリフォルニア沖のチャネルアイランドの海中を遊覧するドキュメンタリー。後者はロシアからニューヨークに来た少年が主人公の劇映画で、少年の先祖が撮ったという一九二〇年代初頭の実際のニューヨークの立体写真（白黒）が多数紹介される。流し込みの二本立てではなく各回入れ替え制で、朝一〇時三〇分の初回から夜二二時一〇分の最終回（終映二三時一一分）まで一〇回の上映のうち一回と三回が『ブルーオアシス』、後の八回が『遥かなる夢…』というタイムテーブルだった。

東京アイマックス・シアターは巨大映像と共に鮮明な３Ｄ映像を強く押し出していて「３Ｄ映像劇場」とも称していた。その３Ｄ方式は一九九三年に開発された液晶シャッターのヘッドセットを使用するものだった。左右別々の映像がスクリーンに交互に投影されるのに同調して、ヘッドセットの左右の液晶シャッターが一秒間にそれぞれ四八回（合計九六回）、交互に視界を遮断し、左映像の時には左目、右映像の時には右目だけしか見えないようにする。これによって３Ｄ映画によくあるゴーストがほぼ完全に解消されるという。またこのヘッドセットには小型スピーカーが左右こめかみのあたりに内蔵されていて（耳は覆われていない）、六チャンネルの立体音響を補強する。ＰＳＥ（Personal Sound Environment）と名付けられたこのシステムのヘッドセットの利点はもう一つ、右サイドの小さなボタンを押すと音声チャンネルの切り替えが出来て、日本語吹き替えだけでなく原語の音声も聞くことが出来た（ここで見たＩＭＡＸは全て吹き替えだったと思う）。

## 新宿ＩＭＡＸで見た作品

私は、東京アイマックス・シアターで上映されたＩＭＡＸ映画の六、七割を見ていると思うのだが、こけら落としの二作品の他、ここで見た作品の幾つかを挙げてみる。

◎『愛と勇気の翼』Wings of Courage（九五年製作作品／五〇分）。ＩＭＡＸ‐３Ｄの劇映画第一作。一九三〇年、ヨーロッパから南米まで郵便を運ぶ飛行機が猛吹雪のためアンデス山中に不時着してしまう。監督はジャン＝ジャック・アノー。

◎『L５』L5:First City in Space（九六年／三五分）。地球と月の中間、第五ポイントにある未来の宇宙都市L５

上は『遥かなる夢・ニューヨーク物語』のプログラム。下にある付属の紙製３Dメガネ（クロマデプス方式）で見ると写真や枠線などが浮き上がって見える。プログラムからはみ出してしまう３Dメガネを折らずに収納するため対角線が３Dメガネの長さの厚紙の額縁に入っていた。左は半券。
額縁＝ 318 × 318 ㎜
３Dメガネ＝長さ約 420 ㎜
半券＝ 82 × 62 ㎜

を七歳の少女チエコの目を通して描く。九六年に東京で開催されるはずだったが中止となった都市博のために製作された作品と聞く。

◎『オープン・ユア・アイズ―エリーの不思議な世界―』The Hidden Dimension（九七年／三九分）。旅行で留守の祖父の家で少女エリーは、不思議な地図を発見し、顕微鏡でしか見られない世界に迷い込む。巨大映像でミクロの世界を見せる発想の面白さ。

◎『T-REX』T-Rex: Back to the Cretaceous（九八年／四五分）。父が考古学者の十代の娘アリーが、誤って巨大な卵の化石を床に落としてしまうと、不思議なガスが発生し、アリーは白亜紀にタイムスリップする。巨大映像でCGの恐竜が暴れまわる。

◎『エンカウンター3D』Encounter in the Third Dimension（九九年／四〇分）。実験室の事故をきっかけに科学者と助手のロボットが3D映画の歴史をたどる旅をする。吹き替えは漫才コンビ・爆笑問題。

当初の休日の午後こそ六、七割埋まっていた客席もすぐに空席ばかりになり、この劇場にはいつもガラガラだった印象しかない。

テコ入れのため劇場はオープンから一年後の九七年一一月一日から二七日まで、2Dの『ローリング・ストーンズ・アット・ザ・マックス』At the Max（九一年／八九分）を上映した。これはストーンズの八九年のアルバム「スティール・ホイール」発売時のワールド・ツアーのうち、九〇年のヨーロッパ・ツアーを記録したもので、IMAX初の六〇分越えの長編作品だった。ただし当時のIMAXの映写機では六〇分以上の映写は不可能だったので、この作品は往年の三本フィルム方式シネラマのように

東京アイマックス・シアター
TOKYO IMAX THEATRE

入場料金 Admission Fee

| | 個人 Individual | 団体20名以上 Group Discount (20 or more) |
|---|---|---|
| 大人 Adult | 1,300円 | 1,100円 |
| 中・高校生 Age 13-18 | 1,000円 | 900円 |
| 小学生以下 Age ~12 | 800円 | 700円 |
| シニア（60才以上） Age 60- | 1,000円 | |

上映スケジュール Time Table
月～木、日曜-1日9回　金、土、祝日の前日-1日10回　毎回入れ替え制

| | 上映時間 Time | 作品名 Film Title |
|---|---|---|
| 1 | 10:30～11:20 | ブルーオアシス Into the Deep |
| 2 | 11:40～12:41 | 遙かなる夢・ニューヨーク物語 Across the Sea of Time |
| 3 | 13:00～13:50 | ブルーオアシス Into the Deep |
| 4 | 14:10～15:11 | 遙かなる夢・ニューヨーク物語 Across the Sea of Time |
| 5 | 15:30～16:31 | 遙かなる夢・ニューヨーク物語 Across the Sea of Time |
| 6 | 16:50～17:51 | 遙かなる夢・ニューヨーク物語 Across the Sea of Time |
| 7 | 18:10～19:11 | 遙かなる夢・ニューヨーク物語 Across the Sea of Time |
| 8 | 19:30～20:31 | 遙かなる夢・ニューヨーク物語 Across the Sea of Time |
| 9 | 20:50～21:51 | 遙かなる夢・ニューヨーク物語 Across the Sea of Time |
| 10 | 22:10～23:11 | 遙かなる夢・ニューヨーク物語 Across the Sea of Time |

営業時間：月～木・日　10:30～22:00　金・土・祝日の前日　10:30～23:30
休館日：年3日の全館休館日

〒151-0051
東京都渋谷区千駄ヶ谷5丁目24番2号　タカシマヤタイムズスクエアビル12F
TEL 03-5361-3030　FAX 03-5361-3038

パンフはさみ込みの時間表。97×198㎜

フィルム・チェンジのための休憩が途中に入る。新宿でも途中一五分の休憩があった（この作品はそこそこ観客が入っていた）。

六〇分問題は九九年に改善され、二〇〇〇年一月に上映されたディズニー・アニメの『ファンタジア２０００』Fantasia 2000（九九年／七五分／２Ｄ）は、改良された映写機で七五分連続映写された（この作品は画面比一・八五対一の三五ミリ版での上映も予定して作られていたのでＩＭＡＸ版の画面比は一・六六対一）。

集客に悩んで３Ｄにこだわらなくなった東京アイマックス・シアターでは、２ＤのＩＭＡＸ作品も上映するようになった。『タイタニック 真実の姿』Titanica（九二年／四〇分）、『アフリカ：セレンゲッティ』Africa: The Serengeti（九四年／三九分）、『ミール：宇宙ステーション』Mission to Mir（九七年／四〇分）、『エベレスト』Everest（九八年／四四分）、『老人と海』The Old Man and the Sea（九九年／二〇分／アニメ）、『マイケル・ジョーダン・トゥ・ザ・マックス』Michael Jordan to the Max（二〇〇〇年／四六分）などを見たが、当時は本業が忙しく、正確な記録がないのが残念である。

『エベレスト』はアメリカでは八〇〇〇万ドル、全世界で一億二八〇〇万ドルの興収を挙げ、ＩＭＡＸ最大のヒットになったが、日本ではそういうことはなく、長年の苦戦を強いられて来た東京アイマックス・シアターは遂に二〇〇二年二月一日、開館から五年四か月で閉館となった。

最後の作品は二〇〇二年一月一日から閉館日まで上映したディズニー・アニメのＩＭＡＸ版『美女と野獣―スペシャル・エディション』（九一年／二〇〇二年のＩＭＡＸ版はオリジナル八四分より六分長い九〇分で画面比は一・六六対一）。このＩＭＡＸ版はアメリカを始め世界九か国の同時公開で日本もその一国に含まれていた訳だ。私が見た一月三〇日の夜の回は満席だったが、本来この劇場が上映しようとしていた実写３ＤのＩＭＡＸでないことは寂しかった。

閉館後の東京アイマックス・シアターは、東京テアトルが営業を引き継いだ。映写機を通常の三五ミリ映写機に交換し、スクリーンを幅一六メートル、高さ八・五メートルに張り替えて二〇〇二年四月二七日、普通の映画を上映する普通の映画館、テアトルタイムズスクエアとして営業を開始した。

ここでは確か、再映のミロス・フォアマン監督『アマデウス』（八四年）を見たと思うが、広くて暗い空間に小さな映像が遠くにぽかりと浮いているような妙な感じだった。巨大映像では適切なスクリーンと座席の距離が、通常映画では離れ過ぎなのだ。

当時、映画館が多数あった歌舞伎町や三丁目周辺からぽつんと離れた場所ということもあり、この劇場も苦戦しているようだったが、七年四か月後の二〇〇九年八月三〇日に閉館となった。現在も新宿高島屋はあるけれど、アイマックス・シアターだったところは、恐らく座席やスクリーンは撤去されているだろうが、活用されてはいないようである。

## 品川IMAXとDMR

東京アイマックス・シアターの閉館に呼応するように、改装されたテアトルタイムズスクエアのオープンとほぼ同時に、品川に新たなIMAX上映施設、メルシャン品川IMAXシアターが開場した。

品川駅西口前の品川プリンスホテルは、新たに増築したエグゼクティブタワー（現在のアネックスタワー）三階にホテルが運営するシネコン、プリンスシネマ（一〇スクリーン）を作り、タワーのオープンと共に二〇〇二年四月二五日から営業を開始した。タワーのシネコン・ロビーから少し離れた六階にはシネコンの一一番目のスクリーンとしてIMAX専用のシアターが作られた。このメルシャン品川IMAXシアターは、軽井沢プリンスホテルの敷地内に二〇〇〇年にオープンした先行する姉妹館、メルシャン軽井沢IMAXシアターと同様、ワインを主とする酒類製造販売会社メルシャンを冠スポンサーとしてプリンスホテルがそこと共同で運営するものだった。

品川は、新宿と同様の急勾配のスタジアム形式で定員は二七三席（3D上映時は二四三席）。スクリーンの大きさは幅二二メートル、高さ一六メートルで全体に新宿より一回り小さい。3Dの方式はPSEのヘッドセットではなく、通常のシネコンで一般的な偏光フィルターのメガネをかける方式だった。

品川には、新宿ほどは通わなかったが、『シャクルトン奇跡の生還』Shackleton's Antarctic Adventure（〇一年／四〇分）や『スペース・ステーション』Space Station 3D（〇二年／四七分）などを見た。

二〇〇二年にIMAXは、三五ミリで撮影された通常の映画を、デジタル技術によって画質を補強してIMAXの七〇ミリ・フィルムにブローアップするDMR(Digital Media Remastering)を開発する。

DMRの最初の作品は、その時の新作『スター・ウォーズ　エピソード2／クローンの攻撃』(〇二年)と旧作の『アポロ13』(九五年)である。当時のIMAXのフィルム映写機は六〇分以上映写できるようになっていたが一二〇分が限界だったようで、一四二分の前者と一四〇分の後者はDMRのIMAX版ではそれぞれ一二〇分と一〇六分に短縮された。その後の改良で現在のIMAXフィルム映写機は一七五分まで連続映写出来るようになっている。

またこの二作品は両方とも画面サイズは二・三九対一のスコープだが、IMAX版は一・四三のIMAXスクリーン用に『スター・ウォーズ…』は一・八一(一・八五ではなく)、『アポロ13』は一・六六に変更された。

思えば東京アイマックス・シアター最後の上映作品、『美女と野獣』も三五ミリ作品のIMAX化だったのだが、アニメなのでデジタル技術による特別な画質補強はしていなかったのか、DMRの最初の作品はこれではなく、『スター・ウォーズ　エピソード2／クローンの攻撃』と『アポロ13』とされている(日本ではこの二作のIMAX版は上映されていない)。

DMRによってIMAXシアターはIMAXで撮影された作品以外に通常の作品もIMAXで上映できるようになり、興行の可能性が大きく広がった。

品川で見た最初のDMRのIMAXはDMRの三作目『マトリックス　リローデッド』(〇三)か四作目『マトリックス　レボリューションズ』(〇三)である。日本では『…リローデッド』は〇三年六月七日、『…レボリューションズ』は同年一一月五日に一般劇場で公開され、IMAX版も通常版と同時に品川で公開されたが、前述したようにこの時期、個人的な記録がないので私が見たのはどちらだったかは不明である(両方見たかも知れない)。

IMAXフィルム映写機はこの時にはもう一七五分まで可能になっていたのか、一三八分の『…リローデッド』も一二九分の『…レボリューションズ』もランニングタイムはそのままで短縮されていない。また二作品の画面サイズも両者オリジナルの二・三九のままだった。

二・三九を一・四三のIMAXスクリーンに映すと、上下に映像のない部分のあるレターボックス状態になる。

これはＩＭＡＸの迫力をかなり減じるものだった。また、この時の『マトリックス』は両方とも字幕だったので、これもＩＭＡＸの没入感の妨げになった。

二〇〇四年三月六日に公開された押井守監督のアニメ『イノセンス』は、日本映画初となる三五ミリ映画のＩＭＡＸ版が同年三月二七日に品川で公開された。

この映画の画面サイズは一・八五だが、ＩＭＡＸ版はレターボックス状態のスクリーン上下の黒味が細かったので一・六六だったと思う。画質はあまり良くなかったと記憶しているのだが、ネットのＤＭＲリスト List of IMAX DMR Films にこの作品はないので、ＤＭＲ技術を使わず、これまでの技術で三五ミリを水平走行七〇ミリにブローアップしただけだったのかも知れない。

ＤＭＲでは二・三九のレターボックスも問題だが、何よりの不満は、ＩＭＡＸの巨大スクリーンを想定して作品を作っていないので、ＩＭＡＸならではの映像の圧倒的な迫力に欠けることだ。

そうは言っても二〇〇五年一月三〇日（チケット半券が残っていたので確認できた）に品川で見たＤＭＲの『ポーラー・エクスプレス』（〇四年／一〇〇分）はすごかった。二・三九の画面比は左右をトリミングした二・〇対一（この作品を撮影したのではないが、撮影監督ヴィットリオ・ストラーロが提唱する〝ユニヴィジウム〟と同じ画面比）になっていて、オリジナルの構図をあまり損なわずに、一・四三のスクリーン上での迫力を保っていた。ＣＧアニメとはいえ３Ｄの立体効果は大きく、『これがシネラマだ』（五二年）のローラーコースター・ショット以来の急速主観前進移動は吸い込まれるようで、ＩＭＡＸの迫力と没入感をたっぷり堪能出来た。

しかしこの時も客席は、家族連れが二、三組にカップルが二組くらいだったか、ガラガラで、日本のＩＭＡＸシアターにはＤＭＲも救世主にはならなかった。メルシャン品川ＩＭＡＸシアターも二〇〇七年三月三一日、３Ｄの『ブルーオアシス』（新宿の最初の上映作品）と『Ｔ－ＲＥＸ』（これも新宿で上映した）を最後の上映作品として、四年一一か月の営業を終了した（同日に姉妹館メルシャン軽井沢ＩＭＡＸシアターも閉館）。

メルシャンの冠のなくなったこのシアターはその後、東京アイマックス・シアターがテアトルタイムズスクエアになったように、通常の映画用に機器を交換、スクリーンを幅一六・五メートル、高さ六・七メートルに改装して、プリンスシネマのシアターＺＥＲＯとして同年一二月二一日から営業を再開した。

それから八年四か月後の二〇一六年三月三一日、プリンスシネマが四月一日から東映系のシネコン・チェーン、T・ジョイと共同運営を始めるにあたり、シアターZEROは一旦閉鎖された。そして同年七月一日、既に日本のシネコンにも広がりつつあったIMAXデジタルシアターとして甦った。

## デジタルIMAX

二〇世紀末から始まっていた撮影・上映両方の映画のデジタル化は二一世紀になってさらに進んだ。二〇〇五年にはアメリカのメジャー映画会社七社が結成したDCI（Digital Cinema Initiatives＝デジタル・シネマ主導）がDCP（Digital Cinema Package＝デジタル・シネマ・パッケージ）の規格を定めた。この規格は世界中で受け入れられ、映画はフィルムではなくDCPに収録されたデジタル・データとして映画館に配給され、デジタル・プロジェクターで映写されるようになった。

IMAXのデジタル化は、撮影の方は、三五ミリ映画と同じ速度で進んでいた。一九九二年にセビリア万国博覧会のカナダ館で上映された「モメンタム（勢い）」Momentum（二〇分）がIMAX最初のHD撮影だったが、それ以後のフィルムのIMAX作品でもCGが普通に使われるようになっていた。『T-REX』の恐竜もそうだし、どの作品か題名は忘れたが火星探査のデータをもとにCGで再現された火星表面を、地球の山や谷の上を飛ぶように縦横に飛び回るIMAXもあった。また DMRでは映像補正のため三五ミリ映画の映像をデジタル・データに変換して処理している。フィルムIMAXでは、コンピューターで作成されたCG映像やDMRのデジタル・データをフィルムに焼き付けていたのだが、デジタル・プロジェクターがあれば、このデータをフィルムを介さずに映すことは容易なことだった。

映画界がフィルムからデジタルに移行して行く中、IMAX社は二〇〇八年にIMAXのデジタル映写システムをデビューさせて、IMAXを完全デジタル化した。2K解像度のプロジェクター二台がセットで、2Dの場合は同じ映像を重ねて、3Dの場合は右目用、左目用の映像をそれぞれ映写する。

デジタル化によるIMAXの最大の変化は画面サイズがフィルムIMAXの一・四三対一から一・九〇対一にな

ったことだ。これは前述のＤＣＰのデジタル画素全てを使用したときのフルの画面サイズである（ＤＣＰでは一・九〇対一のフル画面の左右をカットして一・八五対一の〝フラット〟、上下をカットして二・三九対一の〝スコープ〟としている）。

建物を新たに建てない限り、既存のシネコンのシアターの一つをフィルムＩＭＡＸのシアターに改造するのは不可能と言ってよかったが、画面サイズが一・九〇対一で、スクリーンをフィルムＩＭＡＸほど縦長にしなくて済むデジタルＩＭＡＸなら、既存のシネコンのシアターをＩＭＡＸシアターに改造することは比較的容易である。通常より大きなスクリーン、高画質・高音質が必須の条件だが、各国のシネコンにＩＭＡＸシアターは急速に増えて行った。

日本でも二〇〇九年六月一九日オープンの１０９シネマズ三館（川崎、菖蒲、箕面）を皮切りにユナイテッド・シネマ、ＴＯＨＯシネマズなど大手シネコン・チェーンが続々と新規オープンのシネコンに導入する他、既存のシネコンでもスクリーンの一つをＩＭＡＸデジタルシアターに改装し始めた。プリンスシネマのシアターＺＥＲＯ（旧メルシャン品川ＩＭＡＸシアター）が、ＩＭＡＸデジタルシアターとして甦ったのもこの流れの中でのことだった。

ＩＭＡＸデジタルシアターの普及で、冒頭に述べたように大ヒットが見込まれる作品は通常版の他にＩＭＡＸ版でも上映されるようになった（昔の七〇ミリロードショーと三五ミリ一般上映の関係に似ている）。ＤＣＰ導入あたりから映画の撮影はフィルムでなくデジタルが普通になったが、ＤＣＰのフルサイズで撮影していれば、通常上映ではスコープ（二・三九対一）やフラット（一・八五対一）の作品もＩＭＡＸでは上下や左右が広がったフルで上映することが出来る。

スコープ・サイズの二〇一六年版『ゴーストバスターズ』は、ＩＭＡＸ版でもスコープのままで、画面は上下黒味のレターボックス状態だったが、黒味も映像の一部であることを生かして、光線銃の光線が画面の外に飛び出すという演出がされていた。

## デジタル・フルＩＭＡＸ

二〇一五年一一月一九日オープンの１０９シネマズ大阪エキスポシティ（ＩＭＡＸ誕生の地だ）のシアター11

は、「ＩＭＡＸレーザー／ＧＴテクノロジー」と銘打って、二〇一四年に開発された４Ｋレーザー・プロジェクターによる鮮明巨大映像と、サイド左右とオーバーヘッド四を追加した一二チャンネル・サウンドが売り物の最強シアターである（ＧＴはGrand Theatreの略）。このシアターの最大の特長は、４Ｋレーザー・プロジェクターで可能になったフィルムＩＭＡＸと同じ一・四三対一のデジタル映像を映せることである。日本最大と言われる幅二六メートル、高さ一八メートルのスクリーンの比率が一・四三対一用になっているのはそのためだ。

日本のＩＭＡＸデジタルシアターで一・四三を映せるのはエキスポシティだけで、東京のＩＭＡＸファンは悔しい思いをしていたのだが、二〇一九年七月一九日、池袋に新たにオープンしたグランドシネマサンシャインの最上一二階に作られたシアター12は、エキスポシティと同じスペックの「ＩＭＡＸレーザー／ＧＴテクノロジー」のシアターだった。一・四三対一のスクリーンの大きさも幅二五・八四メートル、高さ一八・九一メートルで、エキスポシティと同じと言っていい。

しかし一・四三のフルＩＭＡＸスクリーンに一体何を映すのか？　一・四三のフィルムＩＭＡＸの旧作がＤＭＲでデジタル化されてデジタルシアターで上映された例は、海外ではあるのかも知れないが日本ではまだ聞いたことがない。

今のところ、一・四三スクリーンの恩恵は、クリストファー・ノーラン監督の作品をオリジナルの形で見ることが出来るということだけのようだ。ノーラン監督は『ダークナイト』（〇八年）以来、『ダークナイト ライジング』（一二年）、『インターステラー』（一四年）、『ダンケルク』（一七年）、『ＴＥＮＥＴテネット』（二〇年）と、作品の一部を一・四三対一のフィルムＩＭＡＸで撮影している。どの作品も通常の劇場上映では全編二・三九対一のスコープだが、ＩＭＡＸシアターではＩＭＡＸ撮影の部分だけ一・九〇対一で、そして一・四三で映せる限られた劇場でだけＩＭＡＸ撮影の部分をオリジナルの一・四三対一で見ることが出来るのだ。

昨年二〇二〇年の夏、コロナ禍で上映作品に苦慮するグランドシネマサンシャインが『ＴＥＮＥＴテネット』の公開に合わせて、これらノーランの旧作（『ダークナイト ライジング』を除く）をフルＩＭＡＸで上映してくれたので改めて見て、一・四三の部分を確認することが出来た。

確かに一・四三のショットになると上下までいっぱいに画面が広がり、広大感が効果的なところもあるのだが、それほどの必然性は認められない。少数の人しかオリジナルを見ることの出来ないノーランの部分フルＩＭＡＸは、監督の自己満足に過ぎず、観客にとっては迷惑な話だと思うのだが、ＩＭＡＸ撮影は話題になり、観客を惹きつける要素の一つとなっていることは否定出来ない。

現在あまり活用されているようには見えないこの一・四三スクリーンに、デジタル化された往年のフィルムＩＭＡＸの短編・中編を映したらどうだろうと思うのだが、興行的に難しいだろうか。

× × ×

フィルムＩＭＡＸの旧作再映の要望とも関連するのだが、最後に今後のＩＭＡＸへの個人的な期待を述べたい。

二〇一八年に公開五〇年を記念して一九六八年の七〇ミリ映画『２００１年宇宙の旅』（オリジナルはシネラマ上映）のＩＭＡＸ版が上映された（画面比は七〇ミリの二・二対一）。この興行は成功したようだが、デジタルになって広く普及しても、通常映画の拡大映写でしかないＩＭＡＸデジタルシアターには今後この路線を期待したい。

三五ミリ撮影によるブローアップ七〇ミリの一般化で『ベン・ハー』（五九年）や『アラビアのロレンス』（六二年）など、大型ネガによる本物の七〇ミリ映画は七〇年代初めに廃れてしまった。しかしそれら往年の本物の七〇ミリ映画は、随所に大画面の効果を意識した演出がされていて、大スクリーンでこそその真価が発揮出来るのだ。きれいに修復されたそれら超大作をＩＭＡＸの大スクリーンで見たいと思うのである。

× × ×

ＩＭＡＸと３Ｄ、ＩＭＡＸとアニメ、ＩＭＡＸと字幕など、語りたいことはまだあるのだが、今回はここまで。

**【付記】** グランドシネマサンシャインはオープン当初、開館記念として自社で製作した一・四三対一フルＩＭＡＸの短編『TRANSPHERE』（一〇分）を本編前に上映していた。

※本稿の主な情報源はウィキペディア（英語版、日本語版）、ＩＭＤｂ（Internet Movie Database）などのネット情報と筆者所有の東京アイマックス・シアター、メルシャン品川ＩＭＡＸシアターのパンフレット、チラシ等である。

（うちやま・かずき）

フヰルム温故知新㉟

# 名優大河内伝次郎『百万両の壺』

布村建

今は昔、時代劇俳優の中に加齢とともに熟成し、芸域を広げた方々がいた。阪東妻三郎、大河内伝次郎、嵐寛寿郎……。その典型が黒澤明の戦後第一作『わが青春に悔いなし』のわが大河内伝次郎。京大事件、滝川教授役。大講堂での訣別の辞のなんと格調高かったことか。小使いさん（用務員）が外から扉を少し開けて聞き耳を立てる。黒澤映画名場面の一つである。

その大河内といえば丹下左膳。大河内左膳を見たのは『百万両の壺』だけで、姓はタンゲ、名はシャゼンの他作とは比べようはないのだが、本作はトーキー以降の時代劇では『赤垣源蔵 討ち入り前夜』（日活・一九三八年）に匹敵する名作ではないだろうか。

山中貞雄は「人情紙風船が遺作とはチトさびしい」と出征前に言ったという。山中さん、百万両があるじゃないですか！『人情紙風船』はわるくはない。長屋のセットは深川江戸資料館の傑作展示以上の出来だし、髪結新三ほかワキもいいのだが、やつれはてた夫人に比べて海野又十郎の栄養状態がよすぎます。『紙風船』は映画史にのこり、時にはオールタイムベストテンに入る。傾向映画の一種として知識人の評価が高いのだろう。暗い話が、明るい話よりも高級であると考える性癖がインテリという存在。陰々滅々時代劇映画は心身の健康によろしからず。

## 豪放磊落な左膳

一方、『百万両』は決して無思想な映画ではない。反封建・反権威に貫かれた作品でもある。人民を取り締まる奉行所役人など一切登場せず。左膳は矢場の女主人の居候にして、用心棒。「葉隠れ的武士道」とは無縁である。しかし、彼なりになすべき仕事は……正義の実現……心得ている。壺をめぐる二転三転の展開は目まぐるしいが、壺くんは単なる狂言回し。山中左膳は豪放磊落生一本だ。

矢場のお藤の毅然としながらも、かもしだす色香がいい。演ずる新橋喜代三は元芸者の歌手。中山晋平と愛人関係にあり、後に結婚引退。劇中唄うのは晋平作詞「櫛巻お藤の唄」。

〝浮世さらさら　風車
今日は北風　明日南風
ええ　しょんがいな
矢場に矢が降る雨が降る〟

お話は……大和の小藩柳生家。当主は江戸の道場に婿養子に入った弟、源三郎の祝いに古い茶壺を与えたが、後になって、それが百万両の値打ものと分かって大あわて。一方、源三郎、兄と自分との遺産の格差を嘆く。奥方萩乃に三文の値打もない、とけなされ屑屋に売り払ってしまう。屑屋は隣の安坊にやり、金魚の住処になる。

矢場へ通うのだけが唯一のたのしみの、やもめの職人七兵衛は、行儀の悪いならず者をたしなめ、闇討ちにされる。残されたちょび安少年をお藤がひきとって面倒をみることになる。ちょび安を連れて賭場へ行き、負けて帰る途上、左膳は七兵衛を殺したならず者に出会う。左膳は「目をつぶって十《とう》数えるんだ。こっちを見るんじゃねえぞ」と白刃一閃。子どもに殺し場を見せまいとする気遣い。映画史にのこる名シーンである。

現在youtyubeで公開されている戦後公開版（1時間32分）では他にもあった斬り合いのシーン（シチュエーション不明）はGHQ民生局の検閲で削除されたらしいが、ニューディーラー検閲官もこの場面はのこした。

一方、源三郎どのは奥に言われて毎日壺さがし。といっても、それは口実で目当ては矢場のお久である。安坊が壺の金魚と一緒にお藤の店に来て以来、二人はわが子のようにかわいがる。道場か、手習いか、武か文か？ 育て方をめぐるラディカルな論議がおもしろい。源三郎はせっせと矢場通い。そこで出会った左膳やみんなと金魚釣り遊び。そのありさまを壺発見祈願にお参りした神社の有料遠眼鏡でお供の三大夫が見つけてしまう。外出禁止処分。ところで〝金魚釣り屋〟というのが実際にあったかどうか？ タナゴ釣りのような小さな仕掛けで、大きな甕の中の金魚を釣る。多趣味の江戸人、あってもおかしくはない。

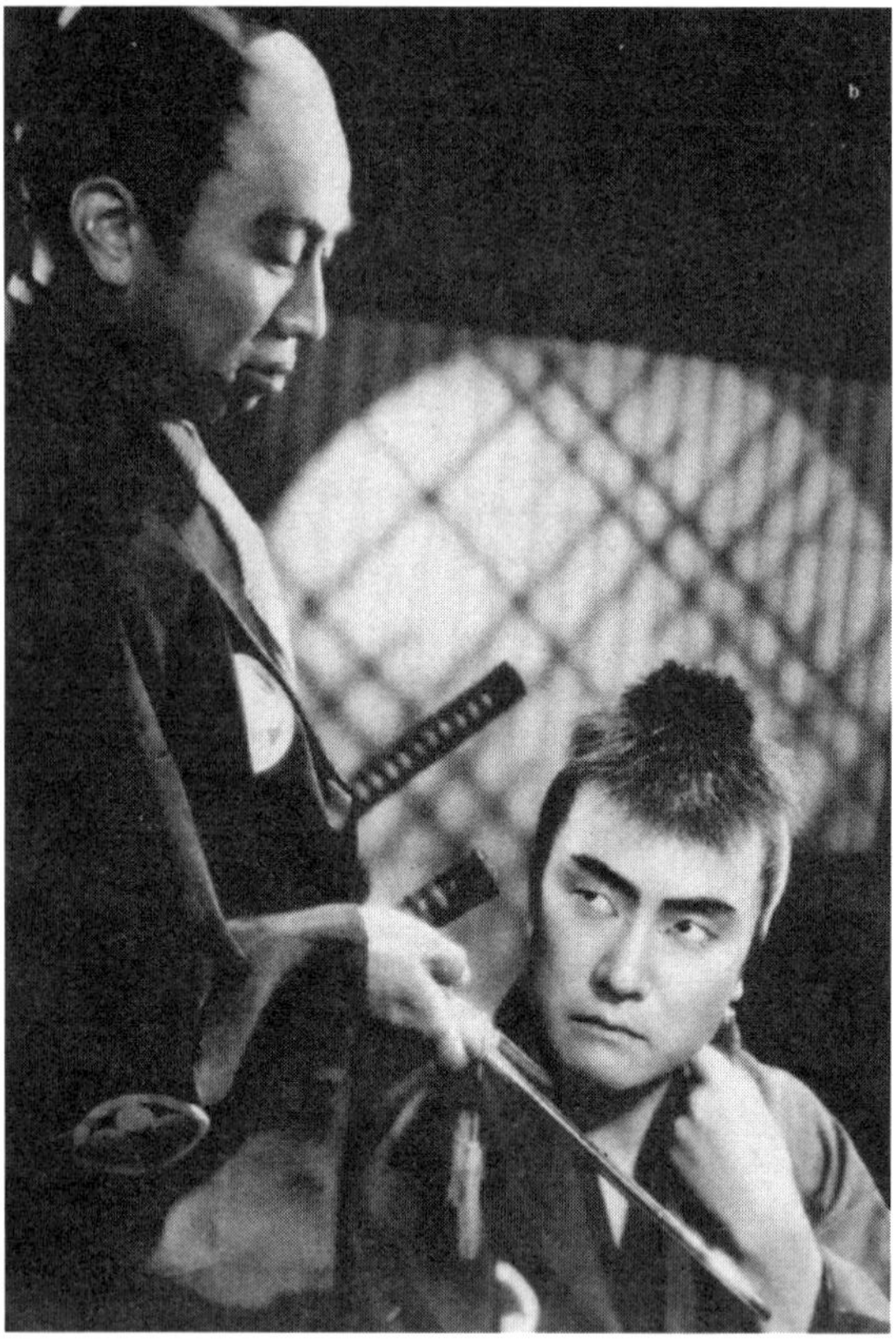
『逢魔の辻』の河原崎長十郎。たしかに栄養が良すぎる

ある日、子ども同士の遊びの中で安坊は六十両入りの財布を手にしてしまう。二人に叱られて返しに行こうとすると、源三郎のところの渡り仲間《ちゅうげん》にうばわれる。六十両の弁償。大変なことになった。金策。左膳が思いついたのは柳生源三郎の道場破り。まずは弟子

『丹下左膳余話　百万両の壺』。大河内と喜代三

たちと立会い、片端から打ちすえる。この過程、ロングショット、それぞれ1カットでみせるが、大河内の軽やかな剣技……蝶のように舞い、一撃で倒す……は見ものである。

門弟全滅、最後は萩乃に言われて源三郎立ち会わざるをえなくなった。左膳、つばぜり合いをしながら八百長試合の申し入れ。対価六十両で成立。さすが柳生先生、それがし如きの及ぶところではござらぬ、と飛び下がって平伏。萩乃は婿どのを見直して外出禁止処分解除。まあ、壺の行方などはどうでもよろしい。

## 影のない左膳は……

林不忘の丹下左膳が登場したのは昭和二年。「新版大岡政談・鈴川源十郎の巻」。したがって時代背景は八代有徳院殿さまの時代。『百万両』左膳は侍階級の地位が相対的に低下した文化文政の頃のようだ。櫛巻はその時代の髪型。柳生と云えば東映映画では謀略暗殺集団のようになってしまったが、源三郎どのは一介の婿入り道場主。奥方、三太夫、屑拾い（高瀬實乗）、口入れ屋派遣のワル仲間《ちゅうげん》と登場人物は実に多様だ。

不忘先生は試写を見た後で「この作品はわたしのつくりだした丹下左膳とはまったく違う」と日活に抗議。そのためか題名は『丹下左膳余話』となったという。不忘は一九〇〇年に生まれ、三五歳で夭折。明治大学専門部卒業後渡米。様々な職を転々としながら全米を放浪、組合活動も行うなど多彩な生き方をした人であった。不忘にとって影のない左膳は左膳ではないのだろう。ラストは矢場でたのしい御一同。

二〇〇四年、豊川悦司でリメーク。日本映画界の志レヴェルの低さ症候群の典型。

『丹下左膳余話百万両の壺』は日本時代劇映画史上のベスト3に入る。山中左膳、その十一年後に滝川教授を演じた大河内伝次郎に衷心より敬意を表したい。

（ぬのむら・けん）

脚本家・水木洋子のXYZへの道⑨
# 音楽映画に挑戦
奥薗守

『ここに泉あり』

シナリオを書く場合、はじめから音楽のことまで考えて書くことは殆どない。音楽は撮影して、編集し終わった段階で付けられる。ところが、音楽映画のシナリオを書いてくれという話が水木の許にきたのである。

音楽映画をつくろうと思い立ったのは、高崎生まれの映画人である市川喜一である。市川は群馬県高崎市にある、アマチュアの楽団に起こった事実をモデルにした、「市民オーケストラ物語」のプロットを大映に持ち込んだ。しかし、本格的なクラシック音楽は難解だということで採用されなかった。そこで、同じプロットを今度は今井監督の許に持ち込んだ。今井は、「面白いね、やろう！」と即決した。そして、今井から岩崎昶の主宰する中央映画に持ち込まれた。岩崎も「面白い！」と政策を快諾した。今井と岩崎は、ベテランのシナリオ作家、小国英雄に発注した。

しかし、書かれたシナリオは今井と岩崎の意図するものと異なり、小国と議論を交わしたがその溝は埋まらず、小国はこの仕事から降りてしまった。

そこで、水木洋子の登場となったのだが、そのときは企画を大映に持ち込んでから、すでに二年の歳月が流れていた。

それまでの経過を聞いた水木は、一から始めざるを得なかった。

まず、楽団員に会って聞き取り調査をして作った話の筋は、高崎市にあるアマチュア楽団に、ヴァイオリニストの速水が東京から流れてきて献身的に働く。そして、アマからプロの移動集団に切り換える。遠い野山を越えていく彼らの音楽巡礼は、県民には理解されず苦労がつづく。かの子は速水と恋をして結婚し、貧乏にやつれる。団員全員食うに困り、絶望して東京に帰る者、チンドン屋でアルバイトをする者などが出て、理想と現実は両立しない。それでも彼らは理想を捨てずにいる。しかし、練習所からも追い出され、ピアノまで取上げられて解散の危機がくるが、合同演奏会で花を咲かせる。

水木は執筆に際して、映画で演奏するクラシック音楽を聴くため、電気蓄音機を十万円で、山口ラジオ店に特注した。当時の十万円というと、サラリーマン月収の約三倍強である。

「私の柄でない仕事で、暗中模索でした。本当にもうレコードと首っ引きで、また私がその音楽の方が駄目なんですから、非常に苦労しましたね」と、音楽評論家・野村光一との対談で語っている。

ともあれ、水木が一旦仕事にかかると没頭するのも有名である。その水木の仕事振りを今井監督は「婦人公論」（一九五一年四月号）に次のように書いている。

彼女の仕事への打込み方は凄まじいもので、『ここに泉あり』のシナリオでは眼が見えなくなるまで頑張って書いてくれた。眼が見えなくなって来たのは、ちょうど『ここに泉あり』のなかの野球グランドのところで、岸恵子さんの役〝かの子〟が眼が霞んで来たところを書いている時と同時だったそうである。かの子は、栄養不足で鳥目になったのだが、水木さんのは、あまり根つめた精神的疲労から起こったものらしい。幸い、かの子のように、間もなく水木さんも全快したが、作業の仕事の辛さというものは、人目には思い知れないものがある。

眼が見えなくなったとき、眼科の先生から「これほどの疲労は、余程のことである」と、同情されている。

今井監督は水木の性格について、負けん気の気性だという。そして、負けず嫌いでなければ映画の世界で生きていけないと。しかし、それだけではない。独立映画の制作部門として発足した中央映画の第一回作品という気負いがあったことは確かである。

「六二〇〇万の大作を独立プロの存亡をかけて、一同の心血を注いで作られた作品ですが、日本で初めての音楽映画であり、映画化困難な材料を敢えて冒険的に断行した試作品です。こうした意図の映画が、若し大衆に支持されれば、映画の営利主義的な古い観念は、見事吹き飛ばされて、良心的大作も次々と企画されるであろうという明るい見通しがたつわけです」さらに、「その国の文化は、国民自身の手で育てられているように、映画も一会社で作るのではなく、また製作担当者だけで作られるものでもありません。それは大衆の力でつくりあげるので、その国の国民大衆の文化水準が当然映画を形成してゆくのです」と、水木は語っている。

映画の評価は〈三時間の長さを忘れさせる佳作になっている。もちろん、第一に脚本と演出の良さであるが、数々のなじみ深い曲を適切に選び、劇中にうまくはめ込んでいるからである〉（サンデー毎日）。

その他、〈感動に満ちた音楽映画〉、〈音楽で綴る美しい愛情に感動〉、〈こころに迫ってくる音楽の感動〉と、好評であった。

タイトル音楽は、團伊玖磨の作曲したオリジナルで音楽賞を受賞した。審査員の一人、野村光一は「わが国で本格的な音楽映画を作ることはまことに難しい。しかるに『ここに泉あり』は珍しくあらゆる障害を打破して、初めて本格的といえる音楽映画を確立したものであった。しかも映画的意義ばかりでなく、音楽的な意味においても最高度の水準を確保した作品を完成したのは、同映画の企画と製作に当たった人々の努力と犠牲的精神による」と、選評で述べている。

この年の「キネマ旬報」ベストテン一位は『浮雲』で、毎日新聞映画コンクール作品賞、NHK日本映画賞、ブルーリボン賞も受賞した。『ここに泉あり』は、五位であった。

荻昌弘は「この作家を、私たちが畏敬の念を覚えずに語るということは、まったく不可能なことである」と言う。

作家が企業に対して自己のペースを

維持することは、いかに困難か。それを自分の書きたいもの、自己のペースを頑固に押し通したのである。

映画『ここに泉あり』を含めて、これまでに封切られた映画は十五本、知名度を上げた水木はいろいろな座談会に引っ張りだされるようになった。

あるとき、「男性について」語り合う座談会に出席して欲しいという電話があった。いつも躊躇する水木であったが、依頼してきたのが「文藝春秋」であり、しかも昔から知る編集長からの直々の電話なので多忙のなか承諾した。出席者は、平林たい子、高橋豊子、松岡洋子、そして水木洋子の四人である。

ところが、雑誌が発売されたとき、その広告を見て水木は愕然とした。座談会の見出しが「私は亭主が欲しい！」に変わっていたからだ。

水木は「いささか、編集者に乗せられたかたちでもあった」という。編集者が、黙っている水木に水を向けて「あなたもやはり恋人の方が欲しいか」と質問したので、水木は「私は、恋人より良人の方がいい」という意味で答えたというのだ。水木にとって、谷口とのわずかの期間の結婚生活を顧みてなお、恋人と楽しむよりは誠実な愛情による良心を望むという真面目な答えだったのである。

成瀬巳喜男

紙面には、スペースの都合で言葉を短縮するためか、ドギツイなんのニュアンスもない台詞が羅列されている。すくなくとも、脚本家である水木には、このキタナイ言葉が許せなかった。水木は「あんまりだ」と、編集長に電話で抗議する。編集長は、係の者が勝手にやったことで、このつぐないは必ずすると返事した。

水木にとって、このようなことは初めてではない。以前、菊池寛賞を貰ったときにも、ある週刊誌が人物評を載せて、ある演出家の加筆のおかげで成功したと、まことしやかに書いたのである。それの言い訳をして歩くほど、暇もなければ根気もないと水木はいう。

一九五六年、「もはや戦後ではない」と発表された経済白書が、戦後の経済復興期にピリオドが打たれたことを明言した。

その年の五月、成瀬巳喜男監督の『あらくれ』が封切られた。『あらくれ』は、徳田秋声が一九一五年に「読売新聞」に連載した長編小説で、女が男に従順であることが当たり前とされていた大正初期、働き者でたくましい生活力を持ちながら意地っぱりで、向こう気が強いヒロインお島が、男から男へ流転していく話である。

水木は「徳田秋声の『あらくれ』は、あの時代の強い女の一つの性格が出ていて、とても面白いと思うの。女の生きる強い姿をアピールしたい」と語り、「キネマ旬報」(一九五九年)に次のように書いている。

『あらくれ』はお島の生活遍歴を描いたものですから、構成もぐっと圧縮した切れ味をねらい、明治、大正の下町生活をニュアンスに漂わせながら主人公の性格を太い線のセリフでねらいました。これは写実ふうに見せてありますが、やはり作者自身のねらいを一度くぐらせた会話ですから、作品のスタイルに合わせた創造といえるでしょう。

お島が三人目の亭主に浮気されて、おゆうのいる妾宅をつきとめて乗り込んでいくが、おゆうから「そんなに口惜しがるなら、もっと大事にすりゃよかったのに、お前さんは、どっかのしまりが悪いから、男に棄てられるんだよ」と言われる。お島は「バチが悪けりゃ太鼓はならないよ。フン、お前さんのウソ泣きも底が知れてるから、用心おしよ。あんな、のろまのヒゲダルマがそんなに欲しきゃ、くれてやるから有り難う礼をいいな」と言って、二人の格闘がはじまる。

水木は、「このシーンのどぎつい会話は、もちろん徳田秋声の『あらくれ』にはないので、おゆうとのこうした芝居も勝手に絡ませたものですから、秋声文学の性描写が映画では許されないため、こうした場面と台詞で、観せる以上の効果を狙ったのです」と語り、さらに、シナリオ新書25『あらくれ』(映画タイムス社)には、〈男にとっても、女にとっても、本当の人間解放の上から女性を見ていない現状、お島という女性をスクリーンの上に映し出すことは、私の意欲を燃えたたせました。お島がほんとうに人間として生きようとする。それを妨げるのは世間の常識は今日では私たちの周囲の壁となって立ち塞がります。お島はそのなかで傷つきながらも立ち上がります。私はお島を愛さずにはいられません〉と書いている。水木にとって、お島は魅力ある女性だったのである。

封切られた『あらくれ』の映画評の多くは、〈すざましい迫力〉とか〈お島の〝あらくれ〟ぶり〉とかで、お島の迫力に喝采を送った。

あの原作をあれだけ立派に構成なさった脚色には、ほんとうに感服いたしました。「あらくれ」の映画の成功は、あの脚本にあったと思います。

このように書いた葉書を水木に送ったのは、吉屋信子である。

(おくぞの・まもる)

小林喜三郎と山川吉太郎⑬

# 興亡《国際活映》のトリセツ（上）

## 角筈撮影所・『寒椿』・井上正夫・水谷八重子

冬樹　薫

『あっし、セブンが大好き！』

『セブン・イレブンの、《おにぎり》でしょう？』

『ちゃいますよ！』

私のセブンとは、世田谷文学館（世文）のことですョ。常設展・特別展・建物全てに素晴しいのですが、私が惹かれて止まないのは、京王線芦花公園駅から《世文》に至る《プロムナード》のこと。世田谷文学館は、常設展は勿論のこと、企画展も秀逸。館を左に直進すると、蘆花恒春園。徳富蘆花の旧宅を中心に、緑濃い都立公園として開園（１９３８年２月）。こんなプロムナードに、若い女性と連れ立って……。

などと、京王線の芦花公園駅のホーム――夢想している私の眼前、轟音で快走するクリーム色のボデーに赤帯色の超特急。１９１３年（大正２）の創業時は、《京王電気軌道》と称し、東京市内に多摩川の砂利を運んでいた。そんな訳で当時は、山手線の陸橋を越えて大木戸（現・新宿四丁目）が終点。

令和の今、テレビ定番の人波スポット《新宿駅南口》―戦前は京王線が1、2両、寂しく橋上に停っていた残像を想い出す。１９４５年（昭和20）５月の東京大空襲で、大木戸から急遽新宿駅西口に終点を移設。青天井に近い粗末な木造ホーム。当時の新宿駅の西口は、１８９８年（明治31）に竣工した《淀橋浄水場》の殺風景で広大な景観だけが、見渡された。京王線の移転に触発された

ように、西口は大きく景観を変える。「新宿副都心計画」が1960年（昭和35）に策定されて、浄水場の機能は東村山に移転、1965年（昭和40）に廃止された。その跡地には、1971年（昭和46）建設の京王プラザホテルを初めとして、都庁庁舎などの高層ビル群の景観に激変したのだった。

その遥か西一帯は、《新宿中央公園》の名で整備され、緑豊かなオアシスとなっている。公園に隣接して、新宿総鎮守《熊野神社》が在る。神社は応永年間（1394～1428年）に創建され、熊野三山の十二社権現を祭祀したので、付近の地名を十二社《じゅうにそう》と呼ぶようになったと云う。当時境内には大滝と大小二つの池があり、江戸時代からの景勝地として、料亭、茶屋が百軒以上盛業の花街だった。

さて、前置きが大分長くなったが、小林喜三郎常務の国際活映（略称国活）の新撮影所として、角筈十二社の地が選ばれた経緯から、話を進めて行こう。

その前に、小林喜三郎と山川吉太郎が創立した《略称天活》について述べよう。以下、拙稿『小林喜三郎と天活全盛時代』（映画論叢誌③所収）より次に引く。

> キネマカラーを売り物に、大正三年三月十七日社名もそのものズバリの天然色活動写真株式会社（略称天活）が創立された。（中略）社長は金子圭介、取締役には盟友小林喜三郎と山川吉太郎らが就任、小林が関東、山川が関西の製作興行に当たった。（中略）前に《一匹狼的性格》と小林について述べたが、人に使われることを良しとしない小林は、ここに天活と絶縁、大正五年十月小林商会を興すのである。興行師として自信満々、このとき小林三五歳であった。（中略）小林喜三郎の抜けた天活は、日暮里撮影所に帝劇から沢村四郎五郎を迎え、脚色桂田阿弥笠、監督吉野二郎、撮影枝正義郎のトリオにより旧劇を製作した。

次いで、その後の小林商会の動向と井上正夫について、拙稿『小林商会と井上正夫の軌跡』（映画論叢④所収）より次に引く。

> さて、小林喜三郎と井上正夫の係わりについて、述べておこう。《係わり》というよりも、パトスに近い二人の関係抜きに、小林商会の軌跡は語れないと思う

のである。小林は、明治十三年（一八八〇年）茨城県猿島郡寺島村生まれ。井上は、明治十四年（一八八一年）愛媛県伊予郡砥部村の生まれで小林より一歳下である。（中略）小林は連鎖劇を手掛けてきたが、二、三流の役者だけでなく一流の役者を一流の劇場に出演させ、連鎖劇を世間に認知させようとの想いがあった。そこで、小林が目をつけたのが、井上であった。井上は新派の役者でありながら、新劇・活動写真など新時代の潮流に関心が強かった。そんな井上を小林は三顧の礼により迎え入れたのだった。（中略）

小林喜三郎は、名を《喜月》と名乗る弁士であった。日露戦争の実写が民衆の熱狂的な支持を受け、活動写真が新しいメディアとして認知される要因となったことは、前に述べた。その日露戦争の実写フイルムを購入、巡回興行を始めたことが、小林が興行師として出発する原点となった。（中略）

井上は小林に《自由に使われた》けれど、表立って小林を非難してはいない。その井上正夫が、小林喜三郎に対して自己主張した唯一の例は、これから述べる『大尉の娘』（大正六年小林商会作品・監督井上正夫）の製作のときだった。（中略）

《これからも、小林商会は活動写真を作るのだ。それなら、井上の言うものを作らせてみようか。二、三流の連鎖劇ばかりでなく、一流のものが出来れば……》と、小林は決心する。こうして、井上に対する外部の支援もあって『大尉の娘』の製作が決定した。

そのデータは次の通り。

『大尉の娘』（小林商会作品）翻案／中内蝶二　脚色／篠山吟葉　監督／井上正夫　撮影／長井信一　主演／井上正夫（予備役の大尉）木下吉之助（娘喜代野）藤野秀夫（恋人松之助）公開大正六年一月十一日浅草三友館

## 柴田（旧姓大森）勝先生と巣鴨撮影所へ

《日暮里撮影所の火災（東京日日新聞、大正八年三月二十八日号）》

天活撮影所全焼す。日暮里の火事二十棟類焼す。昨夜七時十分府下日暮里町字元金杉六三八天然色活動写真株式会社撮影所賄場より出火し、日暮里、三河島、千住より消防隊駆付けしも火は忽ち本館に燃え移り、よしず・

薄板張の撮影場五百余坪一面の火となりて手の着けようなく、舞台俳優詰所倉庫等悉く一なめにして猛火は倉庫等十六棟及び住宅六戸を全焼し、長屋四棟廿三戸を半焼して八時半漸く鎮火せり。

国活巣鴨撮影所『三筋の糸』(大正８年 10 月)の撮影スナップ。柴田(大森) 勝先生から冬樹が拝受したブロマイド。左端が柴田先生。裏面コメントは先生の自筆 (冬樹薫所蔵)

　緊急協議の結果、巣鴨庚申塚付近の土地約二千六百坪を得て、日暮里撮影所と同じ形式の天幕張りステージを建設、四月廿五日より撮影を開始した。そして翌九年一月、天活は国際活映株式会社（略称国活）に買収され、あっけなく、その幕をおろした。

　天活から国活にかけて撮影技師として活躍された柴田（旧姓大森）勝先生には、晩年親しくご厚誼を賜った。柴田さんが天活に入社されたのは、大正五年一月十一日のことであった。枝正義郎の助手長井信一が退社したので、枝正の助手となり終生の師として尽くされた。大正九年、国活退社まで柴田さんの著名なフィルモグラフィーでは、『生の輝き』（大正七年・監督歸山教正)、拙稿『《歸山教正》の周りを散歩する』(映画論叢誌46号所収)、『白菊物語』(大正八年・監督歸山教正)などがある。

柴田さんが、お元気だったころ、大塚駅(JR山手線)から撮影所(国活)までの道をともに歩いたことがあった。柴田さんは、小柄で一見痩躯。だが姿勢よく歩かれる様は、よく使いこなされた身体の持ち主だなと、いつも感心したものである。

柴田さんと駅北口に出る。駅前は、都電荒川線が走っていた。戦前の王子電車で、その路線を越えて《折戸通り》という王子の方へ連なる、やや上り加減の道を行く。この道は昔の王子道で、往時は王子権現、飛鳥山へ行く民衆で賑わったことであろう。現在の中仙道(国道17号線)を見ながら、《こんな道はなかったんですよ》と言われる。車が激しく行き交う中仙道を横断すると、道は都電荒川線に並行する。そこをすぐ左折すると、《妙行寺》を中心に数軒の寺院と墓地が展開していた。なかでも《妙行寺》は、お岩様の墓があるので有名だ。

柴田さんは、《当時は皆この道を通って、撮影所に行ったものですよ。》と、懐かしげに言われる。私の知る撮影所の正門は、中仙道《国道17号線》に面していたので、柴田さんの貴重なご教示が、何とも嬉しかったことを昨日のことのように思い出す。昭和四年、現在の国道が開設され、撮影所の敷地が道路に面接したので、当時河合映画が国道側に正門を開設したのだった。

当時の旧劇の撮影所は《種撮り》に便利なように、寺院の近くに立地すること多かったという神話は、国活巣鴨でも生きていた。柴田さんと《四郎五郎も歩いた道》を同行しながら、そんな想いにも駆られていた。

国活の撮影所は、その後河合映画の撮影所となり、その後大都映画と改称。昭和十七年一月、大日本映画製作株式会社(略称大映)が創立され、新興キネマ、大都映画、日活の製作部門が大映に吸収されるまで、民衆向けの娯楽映画を送り続けたことは、周知のとおりである。戦後撮影所跡は、豊島区立朝日中学校が開設されたが、生徒数の減少で他校と併合、廃校。その後施設は、(公益財団法人)としま未来文化財団・巣鴨地域文化創造館となり、地域文化振興の拠点になっている。

(ふゆき・かおる)

珍品ショウケース⑨

# 『レミー・コーション／毒の影』

ダーティ工藤

（53・仏＊パテ）黒白・モノラル・スタンダードサイズ（1・37：1）97分

La môme vert de gris

製作＝レイモンド・ボルドリー　原作＝ピーター・チェイニー　脚本＝ジャック・ベラン　脚本・監督＝ベルナール・ボルドリー　撮影＝ジャック・ルマール　音楽＝ガイ・ラファゲ　編集＝ジーン・フェイト　プロダクション・デザイン＝レネ・モーラート　録音＝ジーザス・フランコ　スチール＝ガイ・アンドレ　スクリプト＝シャーロッテ・ルフェーヴル　助監督＝A・スマグヒ（アンドレ・スマグヒ）

出演＝エディ・コンスタンティーヌ、ドミニク・ウィルムス、ハワード・ヴァーノン、ダリオ・モレノ、モーリス・ロネ、ヴォーゲル・フィリップ・ヘルセント、ジェス・ハーン、ジャック・マリー、ガストン・モドー、ポール・アザイス、ジャンニ・エスポリット、ロジェ・アナン、ガイ・ヘンリー、J・M・ロベイン（ジャン＝マリー・ロベイン）、ジョルジュ・ウィルソン

英国のミステリー作家ピーター・チエイニー（1986〜1951）によるFBIのシークレット・エージェント、レミー・コーションを主人公にした通称〝レミー・コーション〟シリーズの映画化第一作。女好きで腕利きの秘密捜査官という設定は、かの『007』シリーズへの先見性も匂わせる。正式なシリーズは本作を含めて全7作。①本作②この男は危険です（53・ジャック・サトリ）③そこを動くな！（54・ベルナール・ボルドリー）④わかりますか？（55・ピエール・シュヴアリエ）⑤左利きのレミー（60・ベルナール・ボルドリー）⑥女性のための

『レミー・コーション／毒の影』
エディ・コンスタンティーヌとドミニク・ウィルムス

レミー（62・ベルナール・ボルドリー）⑦それはあなた次第です……かわいい（63・ベルナール・ボルドリー）。主演は全てエディ・コンスタンティーヌで、③⑤以外全て我が国未公開ゆえタイトルは原題の直訳。これ以外にも、エディ・コンスタンティーヌとレミー・コーションのキャラクターだけを使ったジャン＝リュック・ゴダール監督の『アルファヴィル』(65)と『新ドイツ零年』(91) がある。『アルファヴィル』は一応ハードボイルド・ラインをベースにしているが、『新ドイツ零年』では難解なゴダール・ワールドの中でレミーも何だか居心地が悪そうだ。尚、チェコスロヴァキア製のTVムーヴィーでルデイック・マンザーがレミー・コーションに扮した『女性は気にしません』(71・ヤロスラヴ・ノヴォティニ）という作品もある。

カサブランカのナイトクラブで、ある富豪が多数の客の前で射殺される。パリ警視庁警部（ガストン・モドー）が捜査するが壁に突き当たる。そこでパリ警察はFBIに助力を願い出て、FBIきってのシークレット・エージェント、レミー・コーション（エディ・コンスタンティーヌ）が派遣される。レミーは現地着任早々にクラブ歌手カルロッタ（ドミニク・ウィルムス）の妖艶さにKOされて、捜査そっちのけで口説きまくるが彼女はツレない。実は彼女はギャングのボス（ハワード・ヴァーノン）の情婦でもあった。ナイトクラブのシーンでは、Tバックにニップレスを着けただけの踊り子が登場し、さすが露出には寛容なフランス映画らしい。レミーは女を口説きながらも捜査を続け、殺人の裏にニューヨーク銀行からパリを経由して当地へ船で移送される金塊強奪をギャング団が計画していることが明らかになる。クライマックスはモンターニュへ飛び、ギャング団とレミーの死闘が展開されるのはいいのだが、アクションがかなり緩めなのは年代的なこともあり致し方なしか。特にラスト近く屋上で弾の尽きたレミーを狙うボスを、レンガを投げつけて転落死させるというのは、かなりトホホなアクションで幕切れとしては弱いが、全体的にはこの当時のユーロアクションとしては及第点だろう。

エディ・コンスタンティーヌ（1917～1993）は米国カリフォルニア州ロサンゼルス生まれ。父がオペラのバリトン歌手であった関係で音楽を学びオペラ歌手としてデビュー。49年にパリでエディット・ピアフのオペレッタに出演したのが縁で、ピアフの援助でシャンソン歌手として売り出しフランス国籍を取得。映画にも出演するようになり、36歳の時に主演した本作がヒットし、以降全7本＋2本でジェームズ・ボンドを先取りしたレミー・コーションを演じた。『売春街襲撃』(58・アルヴィン・ラーコフ）、『札束（ゼニ）がすべて』(59・アレックス・ジョフェ）、『草原の脱走』(60・イヴ・アレグレ）などアクションものが多いが、『巴里の不夜城』(56・アンリ・ドコアン）では得意の

『レミー・コーション／毒の影』ポスター

歌声も聞かせた。60年代末からは西独へ移りライナー・ヴェルナー・ファスビンダー監督の『聖なるパン助に注意』(70)、『あやつり糸の世界』(73)に出演。晩年は日本映画『東京の休日』(91・長尾直樹) にも出演した。

ドミニク・ウィルムス (1930～) はベルギー生まれ。本作がデビューで歌も披露する。ファムファタール的容貌を生かし『レミー・コーション』シリーズ『そこを動くな!』(54・ベルナール・ボルドリー)、『O・S・S』シリーズ『バンコ・バンコ作戦』(64・アンドレ・ユヌベル)、『FBI』シリーズ『FBI秒読み3―2―1』(66・ハラルト・フィリップ) など多数のアクションものに出演。異色作ではアルゼンチンの最果ての牧場を舞台にした風俗ドラマ『地の果ての恋』(62・ジュゼッペ・M・スコテーゼ) がある。ルネ・クレマン監督の『雨の訪問者』(70)、『狼は天使の匂い』(72) 等で知られる仏俳優ジャン・ガヴァンとは14年の彼の死まで添い遂げた。

ベルナール・ボルドリー (1924～1978) はフランスのパリ生まれ。大プロデューサー、レイモン・ボルドリーを父に持ち42年助監督となる。ジャン・ドレヴィル、レオニード・モギー、アンリ・ドコアン、カルロ・リム、ピエール・ビヨン等に就き、短篇を3本撮った後の52年ジャン＝ピエール・オーモン主演の『狼は夜に狩りをする』で長編監督デビューを果す。本作のヒットを受けてシリーズ全7作のうち5作を手掛ける。リノ・ヴァンチュラの出世作である『ゴリラ』シリーズ『情報 (ネタ) は俺が貰った』(59)、二代目ゴリラ、ロジェ・アナン主演の『全部が獣だ』(59)、ロベール・オッセン主演の『凶悪犯』(66) などアクションものが中心だが、怪盗もの『怪盗ロカンポール』(62)、剣戟もの『剣豪パルダヤンの逆襲』(63)なども手掛けた。ミシェール・メルシュ主演による年代記風コスチュームもの『アンジェリュク(全5部作)』シリーズ (64～68) は人気を集め後年の代表作となった。70年代以降はTVに活動の主軸を移した。

(だーてぃ・くどう)

# 公開時に評価されなかった映画たち

北里宇一郎

昔の日本映画を観る。ベストテン級の作品だけでなく、そこから外れたものにも見ごたえのあるものがけっこうある。あれはけっこう拾い物だったねと、映画ファンと語り合う。それもかなり濃厚な映画愛の人たちと。愉しい。でも、そこでお終いにしては、なんだかその作品が可哀想に思える。結局は表の映画史からは抹殺されたままじゃないかと。少しでもいいから文章化して、魅力を伝えたい、スポットライトを当てたいと思う。もちろん当時の評価に対して異議申し立てしたい気持ちもある。それは解釈が違うんじゃないかと、こちらの意見も言いたい。ものすごく微力だし、作品も膨大にある。だけど、筆の運びに任せて、機会があれば気楽に書き続けたいと考えてる。とはいえ、『映画論叢』の読者の皆さんには先刻承知の作品ばかりだなあ。まずは戦後の日本を生きる元軍人が出てくる2作品を取り上げてみた。

## 『愛情の決算』（1956年・東宝）

主演も兼ねた佐分利信の監督。脚本は井手俊郎。原作は今日出海の「この十年」。敗戦から十年間の、ある夫婦とその周囲にいる人々が描かれる。朝、いかにも一流企業の重役風の佐分利信が出勤する。その会社が、いかがわしいカストリ雑誌の出版社というところにまず意表をつかれる。しかも出勤した途端、佐分利は部下のような若者から叱責されて。つまり彼はいちばん下っ端の平社員だったのだ。佐分利は元軍人。しかし職場では、戦争中は偉かったかもしれないが、使い物にならねえと陰口を叩かれる。おまけにケガをした途端、クビ。家に閉じこもり、盆栽の手入れと小鳥の世話に明け暮れ、隣人のカミさんから「まるで大石内蔵之助みたい」と揶揄される始末。

妻は代わりに銀座の映画館で働きだす。扮するのは原節子。やっと息苦しい家庭から解放されたとばかり、活き活きしはじめる。つまり夫は戦争に男盛りをささげてカラッポ、戦後に適合できない。妻は戦争に青春を奪われたが、戦後、それを取り戻そうとしている。さて、妻は再婚。前の夫は佐分利の隊の部下。画家というロマンチックな職業。演じるのは、まだ若い若い新人時代の内田良平。原節ちゃんとのツー・ショットが見たかったが、戦場の回想場面のみの登場なので、それは叶わない。で、戦死したこの部下のために、佐分利は妻子ごと自分が引き取ることにしたのである。ということは愛情よりも上官として責任をとっての結婚だったわけで。軍人の気質が抜けきらない佐分利と、生きる張りを求めている原。二人の生活はかみ合わない。原が床の間に花を飾ると、佐分利はそれを引き抜き、代わりに穴の空いた鉄兜（前夫の？）を置く始末。お前はあの戦争を忘れたのかと、もうもう仏頂面の佐分利。街には自衛隊の前身の警察予備隊の宣伝カーが走り廻る。それを見た時だけ、「いいものはいい、また昔に戻るんだよ」と眼を細める。そんな男。その裏で、原はひそかに佐分利が可愛がっている小鳥を籠から解き放つ。

さて佐分利の戦友には小林桂樹、三船敏郎がいて（豪華キャスト！）。小林は戦後を逞しく生き抜いて、闇市で大儲け、あっという間に成金事業家となる。この小林が、少年のような八千草薫を拾い、淑女として大事に育て、最後は嫁に娶る――というところは、いかにも井手俊郎好みの趣向だなあ。しだいに大人の女性として洗練されていく八千草が、すごくチャーミング！

彼女がひそかに想いを寄せているのが三船で、こちらは新聞社の社員。民主日本をのびのびと生きている。三船、この当時はダンディズムの塊。男の色気があって、黒澤映画とはまた違った魅力をふりまく。原に就職口を世話するうちに、二人は恋に落ちる。察した佐分利は苛立つ。風呂に入った佐分利が激怒して、水の出たホースを原に投げつける。この時の原の悔しそうな顔。

やがて三船は海外に出張することになる。一緒に行こうと原を誘う。原は承知する。「別れてくれ」と佐分利に懇願する。「私はもっと生きがいがほしいんです！」。佐分利は取り合わない。「今まで黙って見ていたが、もういいじゃないか。（私は許すから）ここにいてくれ」。この人はまったく分かってくれない！　原は声を上げて笑いだす。目を見開いたままで。それは絶望の笑いだ。この時の、すごいすごい原節子の表情。そして、子どもに呼びかける。「お母さんと一緒に行くのよ！」。しかし息子は応じない。原は、ひとり家を飛び出す。

この中学生くらいの息子。最初は佐分利のことをおじさんと呼んでいる。なつかない。しかしある夜、原が三船と通りを歩いているのを目撃する。その親密な様子に、息子は察する。母親は女だった。その衝撃で、息子は微妙に母を避けるようになり、佐分利に近づきだす。原が家を出て行った後、息子と佐分利は語り合う。「（床の間に飾った）こんな鉄兜、早く捨てちゃや、よかったんだ」そうすれば母は出て行かなかったのに、と。「ん、そうだな」と佐分利はうなずく。そして「お母さんのおかげで、お父さんはずいぶん救われたよ」と原への感謝の気持ちを洩らす。あ、と思った。ここから佐分利は戦争の呪縛から解放されるんではないかと。救うのは、妻という女ではなかった。義理の息子という少年（未来）だった。この時、佐分利と少年が本当の父子に見えた。

ラストシーン。夜。電車の最後尾で、原が闇の中に遠ざかっていく線路を見つめている。ここでエンド・マーク……と思ったら、映画は不可解な方向へと向かう。同じ車両に、昔馴染みの主婦＝賀原夏子が夫連れで乗っている。原を見かけて「あら、お久しぶり。いま、何をやってるの？　坊ちゃんはお元気？」と声をかける。原は眼をしばたたかせ、「え、ちょっと」と顔を伏せる。ここでEND。あれれ、と思った。意を決して家を飛び出した原が、どうしてここで動揺するんだと。ここはまったくの蛇足だし、脚本の流れとしてもおかしな印象がする。最後の最後だけに、すごい違和感が残って。

　ここからはまったくの推理、というか邪推なんだけど。こちらは、窮屈な夫から解放されて自由に生きようとする女性の姿が快感だった。だけど、主演の原節子は納得いかなかったんじゃないだろうか。これでは我がままするのでは？　子どもを捨てて平気な母親ってあるんですか？　このまま終わったら彼女がエゴイストのイヤな女にしか見えない。やっぱり、家を出て行った後悔の念をちょっとでも見せたほうがいいのでは……と監督に訴えたのじゃないかと。で、佐分利氏も、同じ女として節ちゃんがそう思うのなら、そうなんだろうなあ。じゃ、ちょっとラスト、変えようか―。てな流れがあったんじゃないだろうか。原節子は戦中派だし、佐分利も同様。まだまだ古い女性観から解放されていなかったような気がする。

　この幕切れを別にすれば、佐分利演出は、あわてず騒がず、腰を据えた安定感があって、他の監督作同様、大人の感覚がある。何よりも、自身、こんな憎まれ役を引き受け、しかもすごい存在感を発揮しているのが凄い。対する原節子からも、ふだんあまり見られないロマンチックな一面を引き出し、そこから生まれる強さ、激しさで佐分利演技に拮抗させている。それは彼女からまた違う魅力を引き出していたと思う。黒澤『わが青春に悔いなし』『白痴』のただひたむきの強靭さと違って、その裏にやさしさ、柔らかさがうかがえるのだ。

　とにかく、佐分利信監督作の中では、これがいちばん好きである。でも、当時のキネ旬のベストテンには、その末端にも入っていない。他の映画賞のどこにもこの映画のタイトルはない。完全に論外扱い。やっぱ、この女性像、早すぎたのかなあ。それはともかく、井手俊郎が脚本を書いた映画には隠れた逸品が多いということが、また証明されたことは確かで。

## 『今日もまたかくてありなん』（1959年・松竹）

　脚本・監督は木下恵介。七四分の小品。一見、優しく温厚だと思われている木下作品だが、実はその底に激しさを潜めている。この映画などは、あの木下がここまでやるかという驚きがあって。

　湘南の海の近くに、高橋貞二・久我美子の夫婦と幼い息子、中村勘九郎(後の十九代勘三郎)が住んでいる。小さいが、新築の家。だけど借金まみれ。生活は苦しい。そこで避暑地用にと、夫は会社の上司にひと夏、この家を貸すことにする。その間、夫は同僚の家に下宿。妻と息子は軽井沢にある実家で面倒を見てもらうことに。日曜日、夫は妻子を訪れる。せっかくの休日だから、家族だんらんで骨休めをしたいと妻は思う。が、夫は重役の別荘にご機嫌伺いに行くと言う。雨の中、家族は揃って、山奥の別荘に徒歩で向かう。

行ってみれば、夫はマージャンのお付き合い。妻はお手伝い代わりにこき使われる。ここまで滅私奉公しなければならないのかと妻は愚痴る。夫は「仕事だから」と取り合わない。次の日曜日。また、重役の別荘を訪問したいと夫は言う。妻は拒む。夫は不機嫌な顔で、みやげの西瓜を提げ、ひとり山道を登っていく。ここまでの流れだとサラリーマン家庭の悲哀を描いた映画かと思う。しかしこの後、様相が一変する。

この軽井沢にひとりの奇妙な中年男がいる。昼間からぶらぶらしている。女房は旅館の仲居をしていて多忙だという。だから自分が幼い娘の面倒を見ていると言う。演じるのは十七代中村勘三郎。意外なキャスティングだ。久我は子どもを媒介にして、この男と親しくなる。何度か言葉を交わすうちに、男は告白する。戦争中、自分が命令を下したせいで、部下を多数死なせたと。

「あの人たちにすまなくてねえ、今の私は抜け殻ですよ」。『愛情の決算』の佐分利信同様に、ここにも戦争に呪縛された男がいる。佐分利と違うのは、こちらは罪の意識を背負っているということだ。いずれにしても、どちらも戦後の流れとは無関係に、ふわふわと水面を浮遊している。

この別荘地にヤクザがやってくる。好き勝手に乱暴狼藉を働く。怖くて、誰も手を出せない。親分を演じるのは三國連太郎。『善魔』『少年期』『海の花火』から八年ぶりの木下映画出演である。これまでと正反対の役柄で、不気味な雰囲気を漂わせる。勘三郎＝三國の共演なんて、今となっては貴重だ。

同じころ、勘三郎の娘が病死する。そのショックで女房＝藤間紫はヤクザの別荘に入り浸り、酒におぼれる。勘三郎の娘、実は彼の種ではなかった。それを知っていても、彼は娘を溺愛した。生きる張り合いだった。もうこれ以上、生き続けることに未練はなかった。勘三郎は軍人時代の短剣を持って、ヤクザの別荘に殴り込んだ。

この場面の演出が凄い。雨が降る。キャメラは横位置。別荘の建物のロング。勘三郎がやってきて、家の中に。そのままキャメラが左に移動する。ものが壊れる音、悲鳴が挙がる。銃声が数発。家の中央から女が走り出て、逃げ去る。続いて、胸を朱に染め、銃を手にした三國が出てくる。画面左奥の森に向かって逃走する。すぐその後に、短剣を手にした勘三郎がよろめきながら出て来る。三國を追う。三國、振り向くと地面に崩れ落ちる。追いかける勘三郎も力尽きて倒れる。死の静寂が森を包む。ここまでが息をつめたような長廻しで描写される。まるで歌舞伎の殺し場を見るような凄惨さ。木下恵介、こんな演出ができるんだと舌を巻いた。

戦争で生き延びた勘三郎はやっと自分の死に場所をみつけたのだ。戦後を無為に生きながらえながら、いつ、どこで、何のために命を捧げるか、それだけを考えていたんだ。一見、茫洋としていたけど、実は『愛情の決算』の佐分利信より、過激で危険な男だったんだ。木下恵介は怖い映画を作る人だと思った。考えてみれば、木下は十代の終りころに招集され、中国戦線で輜重隊を率いてたことがある。その戦争体験が、この映画に影を落としている気がしてならない。なんか凄いものを観たという印象だったが——。

キネマ旬報のベストテンをチェックしてみたら22位だった。『キクとイサム』『野火』『にあんちゃん』の年だ。木下のもう一本の作品、『風花』は13位。こちらは時系列を縦横無尽に駆使した、木下お得意の女性一代記もの。キャメラ据えっぱなしの同ポジションのまま、時制だけが大過去、中過去、現在と転換していくのだから驚いた。その流麗なテクニックに陶然とさせられて、こちらも大好きな作品。映画の中身は『今日もまたかくてありなん』、演出の官能性は『風花』というところか。にしても、『今日もまた』の評価の低さはなんだろう。木下映画らしくないところが忌避されたせいかしら?

キネ旬が七三年に発行した「日本映画作品全集」を調べてみたら、井沢淳が執筆。「自分の家が、避暑地の近くだったので、その家を作るため借りたカネを返すため会社の部長にその家を貸しているサラリーマンの話。いまの時代では、ゼイタクすぎる話だがそれがドラマの骨子になり得た木下恵介作品。事件がいろいろ起こるが、余り印象に残らぬ作品である」。なんのこっちゃの感想文だ。井沢淳、どれを読んでも程度低すぎで参考にならない。こんな評論家もいたんだよな。

九八年発行のキネ旬増刊「黒澤明と木下恵介　素晴らしき巨星」ではどうだろう。筆者は木下恵介ファンの黒田邦雄。「木下はたびたび、この世に生かしてはならないという人間を描いているのだが、そういう憎悪が顕著に現れてきた最初の作品」「湘南の海べりにマイホームを建てた家族が、その借金返済のやりくりのために」「バラバラで夏を過ごさなねばならなくなるという皮肉な話」「元軍人の初老の男が登場し」「やくざのことを『虫けら、動物以下ですね、いくら捕まえても保釈で出てしまう。人間でもないのに人間の権利があるのですから』と言う」「政府の住宅批判がいつのまにか、やくざ批判にすりかわってしまうところが何とも不思議」「映画自体も庶民の悲劇にどう対処すべきか大いに迷っている」（以上、抜粋）。

といった辛い評価。う〜ん、そういう見方も有りとは思うけど……。

さて、勘三郎の死後、映画はこうなっていく。夏が終わり、久我の家族は元の住宅に戻る。朝、夫は通勤バスに向かってひた走る。妻は、薄暗い茶の間でちゃぶ台を拭きながら、ため息をつく。そして奥から季節外れの風鈴を出してくる。軒先にかける。それは勘三郎の形見だ。風が吹く。風鈴がチリンチリンとなり続ける。エンド・タイトル。場内が明るくなっても、その音色が耳に残った。戦後の日本はなんだったんですかと、あの元軍人が問いかけているように聞こえて——。

（きたざと・ういちろう）

# 小谷承靖監督追悼
# 最後の恐竜との旅（上）

小関太一

いざ原稿を書こうと勇んだが混乱して何から書けば良いのか。昨年からのコロナ禍での生活の変化は未だに現実感を伴わず、まるで長いSF映画を観ているような感覚。そんな中で降ってわいたような小谷承靖監督の死が簡単に受け入れられる筈もなく、暮れからずっと混乱したままで現在に至っている。ならば記憶の限り最初から書いていくしかない。記憶違いで読みにくい箇所も有るかと思いますが暫しお付き合い頂きたい。

## 下世話な動機

ある日、以前一緒に本の編集をしたライターの後輩から、非常に説明しづらい仕事の依頼を受けた。まだDVDなど無かった大昔の話で、衛星放送もまだまだでVHSくらいしかなかった。それは女優のヌードシーンが市販ビデオの開巻から何分後にあるか列挙するという地味だがえらく下世話な仕事だった。しかしビデオになっているならともかく、それ以外は記憶、時には他人の記憶に頼るしかなかった。これはかなり危険な行為だった。

後輩の書いた作品に『はつ恋』があった。仁科明子(現・亜季子）のベッドシーンがあるという。お姉さまの仁科が井上純一に性の手解きをするという解説が添えられていた。当時売れっ子だった仁科がそんなシーンに挑戦していた事に驚いたが、なかなか観る機会のない作品なの

でそのまま忘れてしまった。

　ところが数年後浅草東宝のオールナイト（以下ＡＮ）の担当になった時にこの『はつ恋』を思い出した。なかなか観られない作品の上映を第一に番組を編成していた自分には一石二鳥だった。公私混同も甚だしいが早めの時間に『はつ恋』を組み媒体へ発表した。発表後暫くして連絡が入る。「『はつ恋』の監督が映画を観たがっているから入れてくれ」というものだった。はて？　筆者の興味は仁科にばかり向いていたので監督はノーマークだった。

『急げ！若者』ポスター

小谷承靖。こたにしょうせい？　しょうこう？　読めなかった。監督名鑑を見ると既知の『ゴキブリ刑事』から全く知らなかったフォーリーブスの『急げ！若者』等々幅広いジャンルで作品を作っている監督だった。またそこにはデニムの上下を着た長髪にサングラスという写真が掲載されていた。怖そうな印象で会いたくなかったが、当日は自分も映画を観るのだから会わざるを得ない。ロビーにいるとキャップを被った初老の男性が自分を訪ねてきた。その姿はいけ好かない長髪やサングラスではなくラフな紳士といういで立ちだった。出された名刺には〝つぐのぶ〟のルビが入っていた。

　長い長い旅の始まりである。ここからは堅苦しい小谷監督などでなく、〝ツグノブ〟と発音し難い海外スタッフの為にアーサー・ランキンJr.プロデューサーがつけてくれた〝トム・コタニ〟に倣って〝トム〟と呼ばせて貰おう。構いませんよね、トム？

　トムは家族や友人数名でやって来た。不勉強だったとはいえ多少の情報を詰め込んだ筆者はトムと挨拶し世間話を始めた。特撮物には比較的強かった筆者はトムが『極底探険船ポーラーボーラ』の監督であるとそこで初めて知った。無責任な特撮本の記事を鵜呑みにしていて『ポーラーボーラ』の共同監督は日系人だと信じ込んでいた。作品のジャンルが更に広がり驚いた。トムは怪獣映画を作ったという意識がなく『ポーラーボーラ』を作品の原題『最後の恐竜』としか呼ばなかった。これには理由があり後述する。

レーザーディスクが発売されてから久しく経っていた『ポーラーボーラ』はDVDリリースはされていなかった。筆者は社交辞令のつもりでトムに「上映できたらマニアは喜びますよ」と言ってしまった。しまったというのはもしかしたらこれが旅の始まりになったのかもしれないからだ。トムはすかさずフィルムの所在を知っている旨を告げた。収蔵元に連絡して筆者にも連絡すると言う。もうこれは浅草東宝での上映を約束してしまったようなものだった。初対面の人間に対して何とも軽率な発言である。格安の東宝作品ならともかく他社作品はフィルム代は安く済む訳ないのだ。お荷物事業所であった浅草東宝にこれ以上費用がかさむ事をケチ上司が許す訳ないのだ。

さてその日の目的の『はつ恋』の上映が始まった。他の東宝映画にありがちな雰囲気は抑え目で年上の女性に対する主人公の心情が上手く描かれた作品だった。ところが肝心のシーンで椅子からずり落ちそうになるくらい驚いた。確かに仁科は裸体を晒していたが、お相手は井上の父親役の二谷英明で、後輩の書いた文章が出鱈目だったとわかってしまった。ビデオがなかったとはいえ、もう少し調べても良かったのではなかろうか？　我が事のように恥ずかしく顔から火が出そうだった。自分が書いた訳ではなかったがこのいい加減さには恥ずかしい思いしかなかった。

暫くしてトムから連絡があり稼働フィルムは川喜多記念映画文化財団にあるとの事で時間を都合して半蔵門の試写室へ出向いた。そこには『ポーラーボーラ』で亀の着ぐるみに入った、当時助監督だった中島紘一と東京現像所の谷信弘がいた。たった三人の試写。まさかこの後この谷とベルリン国際映画祭に参加することになろうとは想像もつかなかった。

## 小谷承靖という映画監督

トムの存在を知らなかったのは、筆者がよく知る東宝の最盛期からは少し後の時代に監督になり活躍した存在だったからで、その作品の多彩さは調べれば調べるほど多岐に亘っており人によってその印象はまるで違っていた。ある人には若大将の監督、ある人にはアイドル映画の監督、恐竜映画の監督という人間もいて捉えどころのない映画監督というのがトムの印象だった。

フィルムの所在もわかりトムの特集上映の日程が決まり円谷プロとの映画料の交渉に入った。フィルムは川喜多にあるが版権は円谷の所有であり、国内での上映許諾は円谷から受けて初めて川喜多からフィルムを借りるという段取りだ。これはちょっと苦労した。件のケチ上司からは通常のオールナイトの料金を超える事は許さないと念を押されていたのだ。浅草東宝の映画料金は元々古い東宝の作品を勉強するという趣旨から始まっており破格のそれも信じられない設定がなされていた。これは後にかえって他社との映画料の交渉に枷となる。黙って東宝作品だけやっていろという事なのだろう。文化を盾にここでもケチ臭いやり方をしているのは正直腹が立った。

日程が決まり上映作品を決めると、上映前に簡単なトークショウをやりましょうという事になった。ほんの十分程度なら全体のスケジュールに支障はないだろうと高を括っていたがこれが間違いだった。まず司会者を探さねばならない。トムをよく知る邦画マニアでなければいけない。筆者の後輩に生涯のベストワンムービーがトム監督作『ピンクレディーの活動大写真』と公言していた男がいた。こいつは週刊誌で映画評を書く一方で、若松プロでオムニバス映画の一篇を監督したりしていたプロだった。ギャラは出ないが憧れの監督に会えるというのを餌に司会を依頼したが見事に断られてしまう。唯一の適任だと思っていたので次の候補は浮かばなかった。狭い映画関係の知り合いを手当たり次第に当たったが駄目だった。大体ギャラなしというケチ上司がガンであった。諦めた自分は覚悟を決めて司会を自ら務める決意をした。ここまではトム一人ぐらいならどうにかなると思っていたがある日事態は一変する。

『ポーラーボーラ』のプロデューサーであるアーサー・ランキンJr.（以下ランキン）が当日来日して登壇しトークショウに参加するというのだ。これには慌てた。たった十分の舞台に通訳を含めた三人ものゲストが舞台に立つというのだ。そのランキンの事を筆者は何も知らない。インターネットは少しづつ普及しつつあり英和辞書を片手にランキンについて英語の海を彷徨った。半分以上分からなかったがランキンが世界的なアニメーション

のプロデューサーでトムとは『ポーラーボーラ』の前に『Marco』という映画を日本の東宝撮影所で作っており

左よりジュール・バス、一人おいてアーサー・ランキン・ジュニア、小谷承靖

その作品には邦画ファンにはお馴染みの沢村いき雄が出演していた。東宝撮影所にあった特撮大プールを板で覆い宮殿のセットにしたという伝説のミュージカルだが日本公開はされていない。冒頭の宮殿のシーンで数名の侍女が登場するが、その一人が桃井かおりである事は意外に知られていない。彼女の実質のデビュー作だそうで、オスカー受賞の衣装デザイナーのワダ・エミのデビュー作でもあった。日本映画史には意義のある作品が日本未公開とは些か残念である。

特集上映も近づいたある日、筆者はトムとトークショウの事前打ち合わせの為に渋谷の東急プラザに赴いた。2階の喫茶店にはちょっと格好をつけたトムが待っていた。基本的には当日上映する作品の簡単な解説を聴いた。助監督時代の話も聴いた。成瀬巳喜男の『乱れる』で学んだ事が今の自分の演出の核になっていると語った。現場で迷うと必ず「成瀬さんならどうするか?」と考えるという。そこで出てきたのが岡本喜八監督の話だった。助監督時代一度も喜八組に就いた事のなかったトムは、岡本とは近くて遠い存在だった。疎開先だった鳥取は岡本の故郷で、トムは常に岡本を近しく感じていた。鳥取での映画イベントへの参加で岡本と親しくなっていたトムは、この頃岡本の次回作『幻燈辻馬車』に監督補として参加していて、明治村などのロケハンに行っていたと告げた。自分も『フォービートのアルチザン』を編集したと語ると、トムも自分の事を近しく感じるようになったのか少しフランクになった。しかしトムはその時は岡本の健康状態が原因で製作は止まってしまっていると語り「今のうちに会っておかないと間に合わないかもしれないぞ」と驚く事を言った。岡本とは久しく会っていなかったが、たまに送られて来る喜八通信という郵便物で『幻燈辻馬車』の製作が進行しているのは知っていたのできっと元気だろうと信じて疑わなかった。周りに心配をかけないために夫人や娘さんは黙っていたようだが思わぬ所で筆者の耳に入ってしまった。トムと腹を割ったような気持ちになったのは良かったが、一方岡本の事が不安になり以降のトムとの話は頭に入らなくなった。当時のメモが残っていたが最初は一生懸命メモしてるが後半は何も書いていない。

そんな時にトムはまた無理な事を言い出した。黒澤組のキャメラマンでもある上田正治も当日壇上に上がってもらい話を聴いてほしいと。トムとランキンでも手一杯なのにもう一人？こっちは日常業務をしながらの打ち合わせでこの日も休みを利用して渋谷までやって来たのだ。もうこれ以上は無理に等しかった。きっとトムは筆者を助監督として扱っていたんじゃないかと思う。普段作らないチラシも作るように言われせっせと作った。円谷との交渉もなんとか理解してもらえた。そしてその日は来た。

## トム・コタニって誰？〜Who is Tom Kotani？〜

本章と同じタイトルのイベント当日２００４年10月23日がやって来た。当日はトムの伝手でスポニチにその夜浅草で開かれるイベントの事が小さな記事になっていた。この日は第17回東京国際映画祭の開催初日だった。トムが壇上からも語っていたが、ランキンは映画祭の為に来日したのではなく、このトム・コタニのイベントの為にわざわざ来日したのだった。それを聞いただけでもプレッシャーを感じるのに初めての司会までやらされるとは…。不安な一日はこうして始まったがこの日は更なる事態が筆者を不安のどん底に陥れる。

上映の準備は整い、後はゲストを招き最終の打ち合わせという状態だった夕方。ガタガタと浅草東宝が揺れ始めかなり大きな地震となった。新潟中越地震だった。都内でも揺れの影響が大きく交通機関はガタガタになった。トムを始めとするゲストたちは溜池にある〝黒澤〟でしゃぶしゃぶの会食の最中だった。鍋の湯はこぼれんばかりに揺れ大変だったという。おかげでゲストの到着は遅れ、一時携帯も繋がらず「中止」の二文字が頭に浮かび少し安心する不謹慎な自分がいたのを憶えている。

ゲスト陣がタクシーで滑り込んで来たのはギリギリだった。ランキンとはほんとに簡単なやり取りで打ち合わせを終えた。通訳はランキンプロのアニメの下請けのために日本に作られた元トップクラフトの飯塚正樹プロデューサー。トップクラフトが『風の谷のナウシカ』を制作した後にスタジオジブリに改組されたのは知る人ぞ知る話だ。日本のアニメの源流を作った偉人ともいえるランキンを始め、司会と通訳を含む5人の男性が浅草東宝舞台に並んだ。トムの持参したナンシー・ウィルソンによる『ポーラーボーラ』の主題歌が繰り返し流れる場内は、地震の影響による交通機関の乱れで寂しい入りとなっていた。「もうどうにでもなれ」という心境だった。

『Marco』で仕事をしたトムの仕事ぶりを気に入ったランキンは『ポーラーボーラ』で指名したと語り、その信頼関係はその後『バミューダの謎／魔の三角水域に棲む巨大モンスター！』、『武士道ブレード』、『The Ivory Ape（未）』と幾度も一緒に仕事をしている。これらの作品にはリチャード・ブーンやジャック・パランス、カール・ウェザースといったハリウッドスターや三船敏郎、千葉真一という日本の国際俳優も出演する大作でトムがいかに信頼されていたか分かる。お互いまた仕事をしたいと繰り返していた。

トムは何故か『ポーラーボーラ』を英語の原題『最後の恐竜』と呼び続けた。ここが日本で量産されたいわゆる怪獣映画と違っていたポイントで、本作のラストで〝最後の恐竜〟であるティラノサウルスは退治されず、それを倒すためにリチャード・ブーン演じる大富豪は未知の世界に残るというラストで、この富豪自身も〝最後の恐竜〟であるという二重の意味がある題名へのこだわりだったという。実際トム自身怪獣映画の監督という扱いはあまり嬉しそうではない様子だったが、イベントで呼ばれればリップサービスで『ポーラーボーラ』を語っていたのを幾度も目にした。近年『キングコング 髑髏島の巨神』が公開された時、島の雰囲気が『ポーラーボーラ』に似てるから観てみて下さいと頼んだがあっさり断られた。『ゴジラ』シリーズを撮らなかった後悔はあったが怪獣映画は嫌いなトムらしいと言えばらしい。

このトークショウで後悔があるのは上田キャメラマンからほとんど話を聴けなかった事だ。『ポーラーボーラ』だけでなくその日の上映作『F2グランプリ』の撮影も担当していた上田らの恐ろしい現場の話を聴くべきだった。鈴鹿サーキットで実際の公式レースが行われている合間を見てレーシングシーンを撮影したという本作のスタッフの苦労は並大抵の物でない事は容易に想像できる。ある意味死と隣り合わせでである。

とりあえず混沌と混乱の夜は終わった。10分の予定が30分以上に伸びてしまった事で「こんな段取りが悪い助監督はクビだぞ!」と叱責されたが自分がゲストを増やしといてそりゃないよという気持ちだった。こうしてトムと浅草東宝は不思議な縁で結ばれてしまったらしくその後も閉館まで様々な形で関係していく事になる。

## トムと浅草東宝

これまた公私混同で筆者がトム監督の『急げ!若者』を観たくて組んだANがあった。ジャニーズメンバーを主演にした初めてのアイドル映画で郷ひろみの映画デビュー作でもあった。だが出演者の一人である北公次の著作が原因で放映もソフトにするのも困難だと言われていたとは知らず、浅い時間帯に組んだプログラムに不思議な問い合わせが来るようになり、日を追うごとにその数は増えて行き、普段静かな浅草東宝の事務所に緊張が走るようになった。その内容とは、『急げ!若者』の上映の整理券や指定席券の発行はないのかという問い合わせだった。中には「大変な事になっても知りませんよ!」という吐き捨てるように切られた電話もあった。まさか平成の世にフォーリーブスのファンがこれ程いるとは想像していなかった。1日の勤務を映写を含め3人で運営していた浅草東宝にはとても無理な話だった。番組を組んだ張本人として対応するようにと言われAN当日は朝から浅草に詰めた。なんと朝8時。数名の女性が折り畳み椅子や日除け傘を持参して開場前の浅草東宝の入り口に陣取っていた。あと12時間以上も上映まであるのだ。その後その脅しが冗談でない事に背筋が寒くなった。その後その同世代と思われる女性がどんどん列になって行き夕方には三階まであった浅草東宝の階段にビッシリと並んだ。昼間の興行もあったので早く開ける訳にもいかず夜まで増えて行く女性たちを整理し続けた。観客に訊くと長い間上映されなかった幻の作品で、ファンが日本全国から集まって来たのだと知ると、そのネットワークの広さに驚かされた。

　開場するとあっという間に客席は埋まりちょっと見には満杯のように見えた。筆者の記憶する浅草東宝の客席の埋まり具合はこの時がＭＡＸだろう。上映が始まると黄色い声援が飛び交い歌では大合唱が始まった。映画が終わると他の映画には興味なかったのか、ほとんどの女性が帰って行った。様子を見に来たトムは、自作に多数の観客が集まった事にご満悦な様子だったが、彼女たちから質問攻めに遭いもみくちゃにされていた。

『極底探険船ポーラーボーラ』アメリカ版ＤＶＤ

　ケチ上司はその日の売り上げに色めき立ち、すぐに同じ映画を上映しろと命じてきた。再映を聞いたトムは「ならば次の機会は自分と北公次が壇上から挨拶しよう」と提案してくれたが前回の混乱以上の危険があるので登壇は伏せられて予定は発表された。動員は前回ほどではなかったが、急に監督と主演者の北公次が登壇したため、場内は狂気のるつぼと化した。北を脱出させるために裏口を使ったが、この時以外裏口を使った記憶はない。事前告知などしたらどうなったか考えると背筋が寒くなった。まずまずの数字にケチ上司は喜んでいたが、現場のスタッフからは「二度とやらないでくれ」とお願いされた。東京国立近代美術館フィルムセンター（現国立映画アーカイブ）で『急げ！若者』を上映した時も前記二人は登壇し挨拶したが、告知があったのであっという間にチケットは売り切れ、場内は熱狂の混乱状態だった。浅草で告知してやらなくてよかったと客席から胸をなで下したのを憶えている。

　暫くして岡本喜八監督が亡くなった。浅草では弔いとして４週間に亘る特集ＡＮを組んだ。ゲストは次回作で監督補として就く筈だったトムにお願いして、トムとは旧知で岡本のデビュー作『結婚のすべて』の金子正且プロデューサーに声をかけてもらった。最終日はトム本人にお願いした。どこよりも早い追悼上映になった事は嬉しかった。最終日はたまたま浅草ビューホテルを訪れていた山下洋輔に出会い飛び入りで参加してもらった。山下も作曲家として『幻燈辻馬車』に参加する予定だったのだ。弔いの4週間が終わる頃には浅草にとってトムは欠かせない存在となっていた。

これは浅草とは別だが、明治大学が岡本喜八へ特別功労賞を授与する事になり、トムは展示物の担当者として参加し筆者と『フォービートのアルチザン』の編集者Yが手伝うという形で参加した。日本一の背景画師である島倉二千六も建てこみに参加しポスターを展示した。現在でも喜八のイベントで展示される喜八の写真を貼ったパネルは、トムが写真をセレクトしてYが貼り付けたままの状態で喜八プロに所蔵してある。

また、「映画芸術」の荒井晴彦編集長による東宝青春映画セレクションでは、トムと筆者の出会いのきっかけとなった『はつ恋』の主役仁科亜季子が登壇した。ヌードをごねた仁科に、トムがライターを床に叩きつけての強行演出について語り、場内を笑わせていた。これもトムの招きによるものだったが一番得をしたのは荒井本人ではなかったかと思う。この日トムの呼びかけで『はつ恋』のスタッフが集まり四半世紀ぶりに「はつ恋会」が結成され、以降集いの会が毎年開かれるようになった。

いよいよ浅草東宝の閉館まで残り1年になった。この東宝映画の聖地に良い手向けの花になるようなイベントはないか考えていた。会社の内外から色々なアドバイスを貰ったがどれも自分の趣味を押し付けるようなものばかりでうんざりした。「ぜひ植木等さんをフィーチャーして」とか「若大将だよ、加山だよ」といった会社を自分の趣味に利用しようとしているのが明らかな提案ばかりだった。そもそもクレージーや若大将はソフトになっており浅草に来なくても鑑賞可能な作品ばかりなので、自分が担当するようになってからわざと避けていたのだ。それにこういったシリーズには必ずハイエナのような輩が周辺にいて、一度係ると最後まで搾り取られるという例を事業部時代から嫌という程見ていたので勘弁してほしかった。

考えた末あまり世間に知られていない話を披露できる人に登壇してもらうのが良いのではと思った。わざわざ足を運んで書籍やＤＶＤのオーディオコメンタリーで聴ける話をするのは申し訳ない。監督ならば大丈夫じゃないかと思いトムの人脈でお願いしてみた。流石は助監督の序列で最後に監督になった人間らしく気軽に先輩監督たちに声をかけてくれた。お陰で一度もマスコミや映画誌に発言の載ったことのない監督たちから実に面白い話を聴きだす事ができた。木下亮、坪島孝そして幻の映画監督和田嘉訓、成瀬巳喜男監督関連でなく自身の話で登壇した石田勝心らかなり貴重な話が聴けたと自負している。『砧群雄列伝』というトムの名付けた些か大げさなタイトルの企画は成功だった。それもこれもトムのコーディネートのお陰、それも無償のコーディネートのお陰だ。

しかし唯一トムの勇み足と言わざるを得ない一件があった。その年十三回忌を迎えた西村潔監督の特集の件である。これは本当に残念だった。当時の東宝の社長は高井英幸。西村とは『黄金のパートナー』の企画に携わった相棒で、トムとは『Ｆ２グランプリ』で苦労した間柄だった。西村のオクラ時代劇『夕映えに明日は消えた』を十三回忌で引っ張り出す絶好の機会だった。まず高井にお願いに行くべきだったがトムは興行側を優先した。筆者がいくら言っても耳を貸さず、当時の社長にアポを取りやって来た。これが撮影所を一度でも経験した社長だったら話は上手く行った筈だ。しかし本社の総務畑しか歩んで来なかった社長には、西村潔のオクラ映画は同じくオクラ映画『ノストラダムスの大予言』と同じだったのだ。本誌38号に書いた通り筆者は始末書を書かされる羽目となった。最近になって東宝の社長を退任している高井に会ったが、かなり西村に同情的な反応を示しており、やはり順番を間違えたなと痛感した。

毎月東宝の監督を招き話を聴いて来たがいよいよ最後の月になり、初めて宝田明と田村奈巳という俳優を呼び有終の美を飾ることになった。宝田はトムとの付き合いが助監督時代からで、上映作品でも助監督だったトムに司会をお願いした。その後ゴジラブームで世界中引っ張りだこになる宝田だが、この時は共演女優ユー・ミンとの悲恋や成瀬作品での高峰秀子の意地悪といった話をしてゴジラの話は一切なかった。

（文中敬称略）

（こせき・たいち）

# デジタル過渡期の映画上映㉘
# 0の決死圏
長谷川康志

21年4月25日にユニオン・ステーション等を会場に行われた第93回アカデミー賞授賞式。米国での平均視聴者数は985万人と史上最低を記録した。20年は2360万人で過去最低と報じられたが、それを58％下回る。うち18～49才の視聴者は1・9％（調査会社ニールセン発表）。若者のテレビ離れや配信の普及による視聴環境の変化を考慮する必要があるとはいえ、あまりに極端な低下だ。5月10日にはNBCが「審査員の人種が多様性に欠ける」等を理由に来年のゴールデングローブ賞の放送を見送ると発表。ネットフリックスとワーナーメディアは解決までHFPA（ハリウッド外国人記者協会／GG賞主催）との協力関係を解消するとし、トム・クルーズが同団体にトロフィー3体を送り返すなど、批判が相次いだ。なお、2月28日にオンライン開催したGG賞授賞式の視聴者数は690万人と前年の1840万人から64％減少していた。

米国の20年全興収は20・8億ドル（速報値）で、前年より81・7％減。米国映画の配給本数は455本（内55本は穴埋めの再公開）だった。今年3月5日にはNYの映画館が制限つき（定員の25％かつ最大50名）で再開。3月15日にはLAでも制限つき（25％・最大100名）で一部再開された。しかし4月12日、デキュリオン社（本社LA）は経営するパシフィック・シアターズ全6館とアークライト・シネマズ全11館（シネラマ・ドーム含む）を再開せずに閉鎖すると発表。一方、配信のディズニープラスは21年第1四半期末で世界の加入者数が1億360万人に。ワーナーメディアのケーブルテレビHBOとHBOマックスも全世界で契約者6400万人と順調な伸び。18年に850億ドルでワーナーメディアを買収したAT&Tは5月17日、同社からワーナーを切り離し、ディスカバリーと資産統合すると正式発表。新たにディズニー級の大手が誕生する。その翌日にはアマゾンがMGM買収へ向け協議中との報道もあった。深刻な新型コロナの影響は製作・配給・興行すべてに及び、業界再編へと動き出している。もはや米民主党の集会の如き様相の授賞式が愛想を尽かされるのは当然としても、往年のエレガントさも娯楽性も失ったハリウッド映画に客足は戻るのだろうか。

†

翻って日本の状況をみてみよう。21年1月27日、映連は20年全国映画概況を発表。全興収は1432億8500万円で過去最高だった前年より45・1％減。全入場人員は約1億614万人で前年より45・5％減った。公開本数は261本減ったものの、1017本（邦506＋洋511）と1000本超え。スクリーン数は33増で3616。邦画興収1位『劇場版「鬼滅の刃」無限列車編』と洋画1位『スター・ウォーズ／スカイウォーカーの夜明け』（19年12月20日公開）の2本だけで全興収の30％以上を占めた。この『鬼滅』メガヒットの一因には、20年夏にVPF（バーチャル・プリント・フィー）期間が終了し、映画館の判断で上映回数を増やせるようになったことも指摘されている。

日本のコロナを「さざ波」と表現して高橋内閣官房参与が批判を受けたが、どう見ても欧米の十数分の1規模で「大波」とは言い難いのは数字から明らかだ。だが、メディアはコロナ禍をより甚大に見せることに腐心している。一例として、5月のアップリンク渋谷閉館を挙げておこう。NHKは《コロナ禍の影響で20日閉館》とコロナで資金繰りが厳しくなったことを伝え、コミュニティシネマセンターによるミニシアターの現状も併せて報じている。NHKは同館HPから閉館を告知する浅井隆代表のお知らせ（4月22日）を引用。《昨年は助成金、補助金もあり、ぎりぎり生き延びることができましたが、今年はさすがに限界を超える状態で（＊再投資をしても）先が見えない状況》と＊部分をカットして報道した。原文には《設備や機材の老朽化による再投資を考えなければならない時に、コロナ禍に襲われ》とあり、また、昨年のパワハラ問題（20年10月30日に訴訟外で和解成立）にも言及がある。最後は《今後は、現在の拠点である「アップリンク吉祥寺」「アップリンク京都」そして「アップリンク・クラウド」を引き続きよろしく》云々と締め括ってあるが、NHKはパワハラにも新拠点にも一切触れず、あくまでコロナで消える老舗ミニシアター像を描いたのだった。

†

前号では1月中旬までを扱った。今回は2回目と3回目の緊急事態宣言に振り回された国立映画アーカイブ（NFAJ）大ホールの特集上映「1980年代日本映画――試行と新生」（以下80年代特集）の対応を見ながら、5月中旬までを年表で辿ってみたい。

1月7日▽菅首相が1都3県（神奈川・千葉・埼玉）に緊急事態宣言（2回目）。期間1月8日〜2月7日。

13日▽80年代特集（2月9日〜3月28日／前売2月2日）のHP公開。

19日▽会期を2月16日〜5月5日に、前売開始日を2月10日に変更。

23日▽上映スケジュール発表。

2月2日▽10都府県で宣言を1ヵ月延長。3月7日までに。

10日▽定員50％の155席で前売開始。

13日▽3日成立の改正特措法施行。

16日▽80年代特集、上映スタート。

3月5日▽1都3県で宣言を再延長。3月21日までに。

7日▽13時の『超時空要塞マクロス 愛・おぼえていますか』は《宣言の影響により、ニュープリント作製が遅れ》既存の公開当時のプリント（所蔵先付けなし）で上映。3月26日と4月24日の上映にも間に合わず。

25日▽4月13日より定員100％に戻し、同日10時に追加席販売と告知。

29日▽4月7日まで年度末の休館。

4月13日▽定員100％に戻し、前売指定席の追加販売を開始。

23日▽菅首相が1都2府1県(兵庫)に緊急事態宣言（3度目）。期間4月25日〜5月11日。

24日▽4月25日〜5月11日の臨時休館を発表。80年代特集は9日間分の上映を残して中止に。

27日▽翌28日予定の次特集「NFAJ所蔵外国映画選集２０２１」（5月6日〜23日）前売販売開始を延期。

5月7日▽宣言を延長。5月31日までに。愛知・福岡の2県が加わる。

10日▽《政府の要請状況を踏まえ》5月12日より開館と発表。上映はスケジュールが確定次第。

11日▽14時37分、NHKニュース速報《国立科学博物館など5施設 休館継続》。NFAJは《都からの要請を受けて、文化庁の方針が変更され》臨時休館を延長、期間を「当面の間」とした。「外国映画選集」は中止に。

18日▽5月28日〜6月20日「EUフィルムデーズ２０２１」の会期変更する旨を発表。オンライン視聴（5月28日〜6月25日／無料。視聴可能人数各作品400名）は変更なし。6月17日〜7月4日で京都へ巡回予定。

以上が本稿執筆時点までに伝えられた範囲である。小ホールの企画は煩雑さを避けるため省いた。2回目の宣言は時短営業で対応する映画館がほとんどで、1都3県のTOHOシネマズの場合、宣言最終日の3月21日までは20時迄に上映終了。翌22日以降は21時迄に終了。4月9日よりレイトを再開という具合だ。ただし、川崎・チネチッタのように20時迄の時短は2月10日まで、『シン・エヴァンゲリオン劇場版』初日の3月8日には早々とレイトを再開した例もある。

3回目の宣言は2回目より厳しく、都内の大手シネコンは4月25日〜5月11日の休館を発表。宣言延長後には5月31日まで休館とした。延長に際し、政府は1千平米を超える大型商業施設への要請を休業から20時までの時短に見直している点に留意したい。宣言下のTOHOシネマズ二条（京都）は隔席・21時終了で、同西宮OSと伊丹（兵庫）は平日のみ営業・隔席・19時終了で、いずれも5月12日に再開している。つまり延長後の休業要請は都や大阪府独自の判断による。その一方、演劇＝イベントと扱われ、都内の劇場は5月12日に再開。歌舞伎座は開いているのに丸の内ピカデリーは閉館という異常事態に。またGW前後は神奈川県など「まん延防止等重点措置」のみの隣接県の映画館に観客が流れる動きもみられた。配給の対応もまちまちで、例えば5月14日公開予定作では『ゴジラVSコング』は延期、『ファーザー』は公開になった。

ともあれ3回目の宣言に対する都内のミニシアターや名画座の対応は3つに分かれるので、細かく見ておこう。

（1）閉めない。ユーロスペース（4月25日〜5月11日は20時迄・隔席）、キネカ大森（20時迄・全席）、岩波ホール（隔席）、イメージフォーラム、ラピュタ阿佐ヶ谷、シネマヴェーラ渋谷、ケイズシネマなど。最終回を早めたり中止する館もあった。

（2）4月25日～5月11日を休館し、12日から再開。角川シネマ有楽町、シネスイッチ銀座、武蔵野館、シネマカリテ（以上、隔席で再開）、テアトル新宿、ヒューマントラストシネマ有楽町、同渋谷（以上、全席で）など。ル・シネマは14日から隔席で再開。なお、同館は東急百貨店本店再開発により23年4月から長期休館に入る予定（5月13日発表）。

（3）4月25日からずっと休館。シネ・リーブル池袋、東京都写真美術館ホール、目黒シネマ、早稲田松竹、神保町シアター（4月24日～）など。

ちなみに恵比寿ガーデンシネマは三越恵比寿店閉店のため、3月1日より《改装に伴い》休館中。再開日未定。

続いて同期間の映画祭をみておく。

4月30日～5月5日「イタリア映画祭２０２１」は《オフラインとオンラインと併用した上映》を計画。4月17日にオフライン（ユーロライブ・全席）の前売を開始したものの、4月27日に《延期または中止》と発表。6月5&6日に大阪へ巡回予定（5月29日前売開始）。オンラインは5月13日～6月13日「第1部」で新作10本（各１５００円）と短編2本（無料）を、6月17日～7月18日「第2部」では過去作を各８００円で配信。

5月20日～23日「ドイツ映画祭」（ユーロスペース）は11月に延期された（5月11日発表）。

展示では4月15日～5月5日「アニメージュとジブリ展」（松屋銀座8階イベントスクエア）が25日以降を中止。前売は入場日時指定券だったが、当日券（一般１５００円）が出る日も。本展冒頭に鈴木敏夫氏の理想の雑誌として「カイエ・デュ・シネマ」を展示。「アニメージュ」がカイエ的作家主義を目指していたとした。

4月13日～7月18日のＮＦＡＪ企画展「SCREENを飾ったハリウッド・スターたち」は4月25日以降休室。すべて写真撮影が可能な点が画期的。

†

17年11月3日、第30回東京国際映画祭のクロージングで『不都合な真実2：放置された地球』が上映され、トミー・リー・ジョーンズ審査委員長とハーバード大でルームメイトだったアル・ゴア元副大統領が舞台挨拶。そこに小池都知事が登壇。ゴアを《地球を守る伝道師》と絶賛し、都の$CO_2$排出権取引やオリ・パラでの環境問題発信を語ったのをご記憶だろうか。昨年2月には二階幹事長と面談後、湖北省に都の防護服10万着を提供。12月にバイデン政権確実とみるや「都内２０３０年脱ガソリン車」をブチ上げた。目下、親中・親リベラルで石原都政をキャンセルする小池都知事は、非科学的な国のコロナ対策に輪をかけて非論理的だ。そのパフォーマンスの自己矛盾が、今年5月のＮＦＡＪ休館や都内シネコン休業に凝縮した。放置された都民、国民。だが彼らを選んだのもまた私たちなのである。

（はせがわ・こうし）

B級映画を語る⑤

# 大都映画の役者たち

永田哲朗・増淵健

増淵　大都映画の話ですが、ささいなことから近衛十四郎が大乗寺八郎の鼻に嚙みついたことがあったですよね。

永田　小野忠男さんに聞いたんです。彼は大乗寺のファンで、今でも墓参りして酒をかけに行くってほどの人。近衛と大乗寺はライバル意識が熾烈でね。でも撮影中じゃないですよ、酒の席でのこと。共演が多かったから。阿部九州男、杉山昌三九の次の位置を争ってた。『怪傑紅蜥蜴』『隠密三国志』なんて良かったな。最初は大乗寺のほうが給料は上だった。

増淵　熱烈な大乗寺ファンが乗偲会という集いを持って、その日は墓参をしているそうですが。

永田　板橋にある小野さん個人の会で機関誌も出してます。完全に戦前スターで、戦後はほとんど活躍してない。東宝系の宝塚映画に出てるけど、どこにいるかサッパリ分らない。中野伝次郎は、なんとか識別できるけど。健康がすぐれずカムバックが遅れたんです。

増淵　大都映画はどこが魅力だったんですか？

永田　昭和十四、五年頃やたらと来た。どれも見たいのばっかり。役者が揃ってましたから。阿部、杉山、大乗寺のほか、松竹の現代劇から転向した本郷秀雄、松山宗三郎、水島道太郎、津島慶一郎、藤田まことのオヤジ藤間林太郎、ハヤフサ・ヒデト、大岡怪童、山吹徳二郎、都健太郎ってところ。中堅スターが集まってるから、オールスターものは見ごたえがありました。『隠密縁起』でも『神州天馬侠』でも。『忠臣蔵』は見損なったけど。にしても当時、前髪美男スターだった本郷秀雄が戦後は三枚目になるなんて想像できなかったなあ。あそこは一時期、社内プロダクションを名乗らせていた。琴糸路プロみたいに。阿部も杉山もプロを名乗ってた。なかなか俳優行政も巧いですね。社長が土建屋だからかな。河合徳三郎。小金井勝が斬られた事件もギャラアップでゴテたせいでしょうが、これは少々あくどい。丘虹二って監督がペンネームで『映画人』という自伝小説を書いている。彼は琴糸路に惚れていた。彼女が河合から料亭に呼び出される。丘はその後をつけていく。夜伽を命じられ、拒否した彼女が飛び出してくるだろう、と期待してるんだけど、遂に出てこない。幻滅して会社を辞めちゃう。これ当時の大都の雰囲気が出てる珍本です。にしても琴糸路はピカ一だったなあ。田中絹代タイプ。大映と合併してからも主演クラスにとどまった。アラカンと『鞍馬天狗』撮ってますから。『～横浜に現はる（黄金地獄）』ね。

　近衛と結婚した水川八重子、本郷の女房の光川京子、阿部九州男の再婚相手・東龍子、松山宗三郎の細君・久野あかね、ヴァンプで中野かほる、清純派で白木すみれ…この人、東映悪役の沢彰謙の奥さんになったって、近衛・

大都映画『祭唄斬られ菩薩』。阿部九州男（左）と都健太郎

水川夫妻に聞いたけど、意外と言えば意外だねえ。それから社長の娘・三城輝子…女やくざ、男装ものが得意で『落下の舞』なんか良かった。大河百々代、琴路美津子も、社長の娘でスターやってた。大河はハヤフサ・ヒデトと共演してたから見てました。

増淵　大都は解説版ですか。

永田　そうです。でも昭和十二年ごろからオールトーキーになった。社長が雑誌や講談本をビリリと破って、オイこれ映画にしろ。もちろん原作料なんて払わない。そんな調子だったのが、トーキーになったら急に意欲的な原作モノをやりだした。野村胡堂、吉川英治、白井喬二、角田喜久雄と。大佛次郎では『鞍馬天狗』を二本作った…これが面白いんだ。戦後、歴代天狗スターを並べたら、杉山昌三九が「覚えがない」って。斯波快輔と違って、ちゃんと大佛次郎原作となってるんだけど。『雨中の騎士』と『銀河の美女』。大乗寺が近藤勇でね。

増淵　戦時統合で大都の俳優たちはどうなったんでしょう?

永田　近衛に聞いたら、一応大映に入ってはいるけど、出る幕がない、と。主役やれないならと、あっさり辞めちゃった。彼は合併した最初の『維新の曲』にもキャスティングされてたけど、チョイ役なんでオリたわけ。本郷秀雄がチョイ役でセリフも一言なのを見ても分かる。阪妻、千恵蔵、右太衛門、アラカンが集まってるんだから仕方ない。そこいくと阿部九州男は近藤勇なんで、小キネマ出身としては大役貰ったね。ぼくは『維新の曲』と同じテーマでは『王政復古』のほうが好きだったな。

増淵　阿部九州男が大都のトップですね。

永田　〝重役さん〟なんて呼ばれて、ふんぞり返って撮影所を歩いてた、と揶揄い気味に言ってる人がいた。二枚看板の杉山より給料は上だった。戦後はどちらもガンバッてたね。阿部は東映、杉山は大映と東宝。ワキとはいえ、ベテランの腕を重宝がられて良い役を貰ってた。各々、加藤泰と三隅研次ではレギュラーだったしね。なぜか戦後どちらも阿部修、杉山剛と各々改名してた時期がある。理由は不明ですが。大都で一番活躍したのは水島道太郎でしょう。日活で『地獄の顔』をはじめ、現代劇のギャングや探偵で、ずいぶん

大都映画『女の運命』。琴糸路（左）と大河百々代

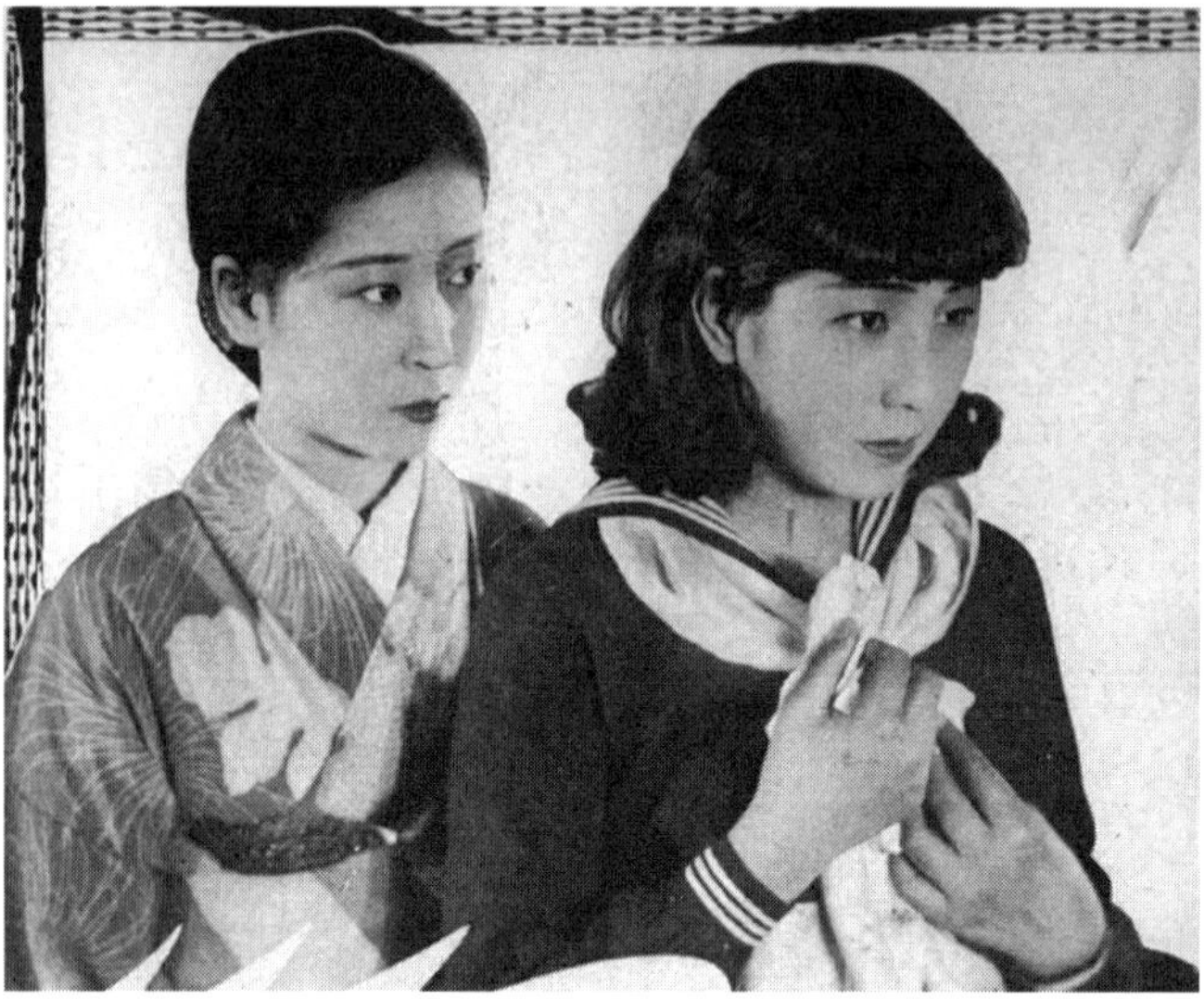

主役を張った。ワキに回ってからの東映やくざ映画とか、最後まで現役だった。勝新太郎の『浪人街』あたりまで顔を見せてるよね。水原洋一は大映の傍役で、もうやたらと出てたなあ。よく名前を変える人で、最後は浩一だったかな。

　大岡怪童、大山デブ子、キートンそっくりの山吹徳二郎。近衛と山吹が共演した忍術もので（題名失念）、近衛が寄り目をして九字を切る。純然たる二枚目と思ってたから、意外でオカシかったなあ。のちにテレビで月影兵庫とか花山大吉とかコミカルな役を演ってたけど、素質は大都の頃からあったんですね。むかし松平長七郎の映画化について調べてたら、大都の『花吹雪五十三次』が出てきた。山吹が長七郎かと思ったら、朝本相十郎という人が演ってた。昭和15年だから見てるはずだけど、まるで記憶がない。朝本って俳優も。

　それから津島慶一郎。現代劇が多かったけど時代劇も何本か主演してる。ところが、このヒト椿三四郎なんです。昭和初期に東亜キネマで主役張ってた古い古い役者。戦後は東映にワキで出てましたね。

　都健太郎もいた。『水戸黄門』で、近衛の助さんに、都が格さん。久松玉城という傍役が黄門を演ってた。にしても大都は悪役がイマイチだったな。市川団平太ってのが憎々し気でちょっと良かったけど。あと松村光夫とか、中山介二郎くらい。現代劇はあまり興味なかったけど、抱き合わせでハヤフサ・ヒデトは見てました。

増淵　戦時統合で大都のようなB級が無くなったのは残念です。

永田　B級のバカバカシい世界はファシズム下ではジャマなんです。

増淵　東宝の完成度の高い立派な戦争映画によって、僕はリッパな軍国少年になりました（笑）。

永田　そうなんだ。大都あたりの忍術映画や単純なチャンバラばかり見てちゃ、リッパな人間にはならないですよ。

（ながた・てつろう／ますぶち・けん）

# 映画論叢のバックナンバー

●品切れ　1号／2号／4号／8号／11号
●在庫僅少　7号／14号／16号
【22号】ボンドガール若林映子／アイドル山本豊三／T・ザイラー追悼
【23号】新東宝スタア星輝美／オリーヴ・トーマスの死
【24号】小杉勇・渡辺邦男・中川信夫／久保明インタビュー／万博の映像
【25号】柳川慶子インタビュー／井田探インタビュー／鶴田VS若山
【26号】東宝傍役俳優インタビュー／松竹時代の寺島達夫／争議とヤクザ
【27号】緑魔子&小谷承靖監督&柴田吉太郎監督インタビュー
【28号】高宮敬二自叙伝／横浜モダン・北林透馬／日本ロボット映画
【29号】B・クリステンスン研究／中田康子インタビュー／談志追悼
【30号】小森白インタビュー／B・ラ・マール伝／仏家庭映画小史
【31号】伊沢一郎・日活の青春／翻訳映画人・東健而／『殺人美学』再評価
【32号】70ミリ映画女優・上月左知子／土屋嘉男インタビュー／改題縮尺版
【33号】小笠原弘インタビュー／松竹キネマ撮影所／東宝レコード
【34号】阿部寿美子自伝／ラッセル・ラウズ監督再評価／福宝堂完全リスト
【35号】鬼才W・グローマン／アルモドバル本の誤訳／佐々木勝彦語る
【36号】ルーペ・ベレス／東映東京の〝血と骨〟／動物モノの巨匠A・ルービン
【37号】マイ・ゼッタリング／A・ド・トス／ブルーバード映画とロイス・ウェバー
【38号】西村潔〝お蔵入り〟の真相／J・ガーフィールド／『警視庁物語』
【39号】レムリ一族の興亡／原一民のみた黒澤明／ウェンデル・コリー
【40号】映画監督・三船敏郎／ディック・パウエル／和製ターザン樺山龍之介
【41号】河合映画・由利健次／『ファンタジア』／アードマン・アニメ
【42号】『どろろ』映画化／近藤経一／W・ベンディックス／全勝映画大調査
【43号】中川信夫の教育映画／東宝ビデオレンタル黎明期／A・ケネディ
【44号】小倉一郎、村井博のみた加藤泰／東独映画／フォード一家名簿
【45号】大船スタア園井啓介／ジョン・ギャヴィン／新東宝・大貫正義
【46号】『自動車泥棒』・和田嘉訓／歸山教正周辺／ビスタ・サイズの誤解
【47号】大映・小野川公三郎／ヘンリー・コスター／J・ウェインと仲間
【48号】ジョン・ファロー／『ジョアンナ』研究／森下雨村の映画／堺勝朗
【49号】田口勝彦による東映東京／ロリー・カルホーン／スコープ・サイズ
【50号】『二十歳の恋』田村奈巳／『2001年』半世紀／J・チャンドラー
【51号】三上真一郎追悼／『サロメ』女優／ビデオとワイド画面／岸田森
【52号】製作者・奥田喜久丸／カーレースと映画／『一寸法師』映画化
【53号】画家としてのスタア／J・スタージェス／テレビの画面サイズ

【54号】ピストル小僧オーディ・マーフィ　二階堂卓也／『殺人狂時代』オクラ入りの謎　小関太一／内田吐夢の岡山時代　世良利和／甲賀三郎『夜光珠を繞る女怪』　湯浅篤志／宍戸錠追悼　五野上力&ダーティ工藤／女優ミスタンゲット　戸崎英一／藝人早野凡平　飯田一雄／カーク・ダグラス追悼　瀬戸川宗太／コロナ下の映画館

【55号】ジミー・ウォング罷り通る　二階堂卓也／『Gメン対間諜』ロイド・ノーラン　千葉豹一郎／デジタル時代の映画の画面サイズ　内山一樹／英国職人監督ラルフ・トーマス　ダーティ工藤／ジャック・ケニーからみる西部劇　猪股徳樹／道玄坂キネマの想い出　加納一朗／新高恵子は歌手だった　東舎利樹／新東宝全映画追跡調査　最上敏信

【56号】岡本喜八の未映画化作品　小関太一／パラマウント訪問　宮原茂春／旗本退屈男悪人斬り　二階堂卓也／東撮生抜きの監督たち　五野上力／「ムービーマガジン」をご存じですか？最終回　浦崎浩實／浅香光代のストリップ演劇　永田哲朗／西部劇への一視点　猪股徳樹／浅草藝人パン猪狩　飯田一雄／山本周五郎の映画化　最上敏信

●映画論叢バックナンバーのうち、No.3～No.18まで（各号840円。送料樹花舎負担）のご注文は樹花舎へ。メールあるいはファクスでご注文ください。ファクス：03-6315-7084　メール：kinohana@mb.infoweb.ne.jp
No.19以降は国書刊行会へ。一部1000円＋税。

投獄前から働いていましたが何か

# 満映。をプロデュース ——岩崎昶

藤元直樹

## 就職、収監、出獄

映画評論家の岩崎昶については……ただ一人、映画法に反対し投獄された反骨の映画人である。出獄後、生活のために泣く泣く満映に身を寄せることになったものの、生涯そのことを悔やみ、当時の事績については口を閉ざしたまま世を去った人物だ……という印象が世間に行き渡っているといって良いだろう。

ところで、この中の「出獄後」の部分は大嘘である。

一九四〇年一月二四日に自宅に踏み込まれて逮捕され、八か月に亘って池袋署に拘留、さらに六か月を東京拘置所（巣鴨）で送り、一九四一年二月二二日に保釈されるまでの模様は『日本映画私史』（朝日新聞社、一九七七）の中に綴られているわけだが、満洲映画協会（満映）入りは、この逮捕劇よりも前の一九三八年に遡る。

就職の日付は不明であるが、一〇月五日発行の〈国際映画新聞〉二三一号、一一月一日発行の〈満洲映画〉二巻一〇号といった雑誌に満映の嘱託として雇われたことが報じられている。

満映はこの時期、ドイツ映画の輸入・国際交換事業を進めようとしていた。そして、そのエキスパートとして岩崎が採用されたのである。

程なく、岩崎は海を渡り新京の地に降り立つのだが、

すかさず回れ右して東京に舞い戻る。

理由は、寒かったからだと伝えられている。

そもそも、何故に、満洲まで出かけたのか。辞令交付というお役所的な儀式のために本社まで呼びつけられたのであろうか。そこは、ただ輸入業務に甘んじる気はなく満映をプロデュースする気満々での渡満であったようにも見える。

〈キネマ旬報〉一九三八年一一月一一日号に、満映から牧野満男と林顕蔵を迎えて「満映の抱負と使命を語る」という座談会の模様が掲載されている。おそらく岩崎の渡満の直前に催されたと思しいこの会は、満映の現状の報告に対して、識者である飯島正ほか岩崎を含めた〈キネマ旬報〉同人連があれこれと意見を開陳し、最後に、満映側が皆さん一度来てくださいよと、誘いかける形で締められている。

「キネマ旬報」(1931.8.21)
森岩雄「岩崎昶論」より

満洲行に際して、ここで示されたヴィジョンの実現を夢想することはなかったのであろうか。「続・現代日本映画人伝」で岸松雄は書く。「寒いし、居心地も良くなかったから帰って来たのだと。

「たいていのスポーツに手を出して、そのおかげで健康には自信が」(私史、二三四頁)あって、長期の留置場生活に耐えてみせたことを思えば、岩崎はけっしてひ弱な都会っ子ではなく、寒さよりも、一朝一夕には解決され得ない、満洲の映画界の抱える問題に単身で立ち向かうのは無理だという判断で、大陸に拠点を移す計画が頓挫しているとみるべきか。

もっとも、岩崎が意思を明確に示した記録が見つかっているわけでもなく、少なくとも一一月一六日には帰国していたわけで(同日の〈東京朝日新聞〉「大陸文化政策」に満洲から戻ったことが触れられている)、岸の文章からあれこれ可能性を考えるのは無茶な話ではあるのだが。

とはいえ、帰京後、〈キネマ旬報〉で一二月一一日号から一九三九年二月一一日号にかけて四回にわたって掲載された「満洲の映画」や、「満洲の都会文化」〈文芸春秋（現地報告）〉一九三九年一月号、「大陸の現状を語る座談会」〈革新〉一九三九年一月号あたりを、そうした視点で読み返してみるのは面白いだろう。

何にせよ出獄後の一九四一年ではなく、一九三八年から岩崎は満映の嘱託として東京支社でドイツ映画輸入関連の仕事を始めているのである。

この時期、満映にはドイツ映画の権利を独占しようと動いており、それを東宝東和（東和商事）が実績を盾になんとか押し返したといわれる。

とすれば、田口商店以来の親友の川喜多長政のために、満映に潜入、内部情報をリークし、攪乱によって満映の野望を打ち砕いた岩崎という神話が残されていてもよさそうなところだが、実際には入社がこの輸入騒動の決した後だったこと〈〈映画と音楽〉一九三八年一〇月号の業界時評に出てくる〉に加えて、出獄後／生活の為やむなく／細々と満映仕事をこなした、という基本設定に抵触することから、この物語は採用されなかったようだ。

そして、収監中に状況は大きく変化する。

既に一九四〇年の時点で欧州戦の影響で地中海～スエズ運河経由の航路が使えなくなったこともあり日本郵船の欧州定期航路は終焉の時を迎えており、ドイツに限らず欧州の物資を輸送するには大回りして喜望峰を経由させるか大西洋からパナマ運河回りで太平洋を抜けるルートを使う必要が生じていた。

状況は岩崎が出獄して来た一九四一年に至ってさらに悪化している。六月には独ソ戦が始まり、残されたシベリア鉄道の利用という手段がこの時点で消失し、地続きという満映の地理的優位性も失われる。そして年末の真珠湾攻撃による日米戦の始まりによって、ドイツとの物流ルートはほぼ完全に消滅した。そうした状況下で映画を輸入する行為は、中立国を経由させるルートの開拓、あるいは、Uボートによる作戦行動時の積載物にフィルムを同梱させるといったエクストリームな作業を要求する。

つまり、ドイツ映画輸入が通常の業務として用意され得るのは、岩崎の保釈直後のごく限られた期間のみで、常識的に考えればあり得ない話と疑いの目を向けるべき証言だ。

ところが、何故か根岸寛一が、義侠心で出版界から干された出獄後の岩崎を拾って仕事を与えたという話は、広範に受け入れられている。

李香蘭と岩崎

戦火の拡大と共に、映画輸入が商取引というよりも外交や政策レベルの交渉事項と化し、事業継続の可能性があったのは、単なる民間企業ではない国策機関の満映だけだったという見立てによるものだろうか。

どう考えても通りそうのない「物語」が承認され続けてきたことは、はしなくも岩崎昶が映画界でいかに絶大な敬意を集めていたかを示している。そしてそれはまた、岩崎が決してその誤りを解こうとしなかったということでもある。

保釈後の状況に関して岩崎は、プロキノの同志であった林三郎（高田一郎）が読売新聞社の車を廻して出迎え歓待してくれたことを記す。そして、まず体力の回復を考え伊豆で静養したとする。

そして五月末に津村秀夫の肝煎りで銀座裏の「水茶屋」という日本料理屋で友人二十人（島津保次郎、衣笠貞之助、田坂具隆、内田吐夢等々）が出獄歓迎会を開いてくれたこと、この日に都合がつかなかった清水宏と小倉武志が六月下旬に改めて歓迎の催しとして、戸隠への旅に誘ってくれたことを書く。

「とにかく、三カ月か半年かただひたすら読書と静養と健康回復に専念しようと企てた」（私史、二三四頁）ともあるのだが、その生活についての経済的裏付けはどうなっていたのか。実は、満映は岩崎が収監中も律儀に給料を払い続けており、残された家族が路頭に迷わなかったのはそのおかげであった。

ちなみに、このことは、岩崎自身も「私の戦後史─占領下の映画政策」（単行本『占領されたスクリーン』新日本出版社、一九七五）で、「私が獄中にあった期間、家族が路頭に迷わずにすんだ」と書いている。これは、筆を滑らせたのではなく、同書では、出獄後就職という設定を採用せず、一九三七年に出版界から干されたことが、満映に拾われることになった遠因であると、断筆の年代の方を操作して辻褄を合わせていたため、就業期間の方を偽る必要がなくなっていたためであろう。

『日本映画私史』には満映がらみの記述は全く出てこない。従来言われているように、根岸が好意を寄せ、逡巡の後、満映入りを決意したというのであれば、それまでの間、生活に苦しむ時期がなければおかしいところで、平然と静養生活の計画を立てられているのは、こうした背景があってのことである。

とはいえ、独ソ開戦で、流石に、ドイツ映画輸入関連業務担当という名目で岩崎を雇用し続けることには無理があると判断されたのではあるまいか。

決断を迫られる事態が生じたとすれば、満映の禄を食むかどうかではなく、食み続けるかどうかという問いであり、馘首という事態を避けるためにプロデューサー業に転じるかどうかという問題であったはずである。

「刑が決定して執行猶予期間中、いやそれ以後も、つまり終戦まで、私は「保護観察処分」を受けて、何の自発的活動もできず、たとえば一歩東京を出るにも警察に届けを出て許可を受けるという、特高と憲兵の不断の監視下にあった」（私史、二三四頁）大変使いづらい人材にプロデューサー業務を振る決断を根岸寛一が行ったのだとすれば、それもまた大英断であったことになる。

もっとも、この後、岩崎は満洲、上海、台湾を縦横に駆け巡っているわけで、保護観察が決して業務の障害になっていないようにも見える。その活動には、ダーティな裏取引が付随し、複雑怪奇な交渉や手続きの積み重ねが背景に存在していたのであろうか。

考慮すべきは、根岸よりも、山口淑子が「茂木さんは右翼ですが、東京支社の席も岩崎さんと隣同士でとっても仲がよかった。」（「激動の時代を生きた女優・李香蘭」〈キネマ旬報〉一一五三号）と語るゴリゴリの右翼で甘粕正彦理事長と深く繋がった東京支社長茂木久平の方かもしれない。

## GO TO冥土

岩崎は太平洋戦争時下、その執筆活動を止められていたことで、後にくっきりと痕跡が残される活字媒体での戦争協力を全くやらずにすんだわけである。

満映の禄を食んでいたことについても、消極的に閑職についていていただけであるかのように演出し（『日本映画私史』に続く自伝的著作『映画が若かったとき』（平凡社、一九八〇）でも「［田口商店時代］を除いて、会社づとめをして月給を貰うという世間なみの生活をやったことがないのだった。後に、戦争中、「治安維持法」違反の犯人として糊口の資に窮し、先輩根岸寛一のはからいで満洲映画協会東京支社嘱託として終戦まで扶持を貰ったが、これも正式の社員ではなかった。天下無禄の浪人…」としか記されていない）、生前に満映のフィルムが出てこなかったこともあって、その偽装はほぼ生涯を通じて機能したといって良いだろう。

その例外となっているのは、映画界の戦争責任を問う岩崎に対して「根岸寛一の輩下で満映の嘱託として映画文筆にこそたずさわらないが、氏は一体、何をしていたのか、自ら省みたならば他人のことをどうのこうのとは云えない筈なのである。」（「映画批評の批評」〈映画評論〉一九四八年二月号）と書いた北川冬彦と、岩崎の小伝（「続・現代日本映画人伝10」〈映画評論〉一九五九年八月号）を記して、その中に寒いからという理由で満洲から帰って来たこと、満映からずっと給料が支払われていて、それで収監中も家族が暮らせていたことに筆を割いた岸松雄ぐらいであろうか。

いずれも岩崎の友人であって、それ以上ネチネチとほじくり返すことはなく、満映プロデューサーとしての岩崎昶は順調に忘却されていく。

〈中央公論〉一九五四年二月号は帰国した満映関係者（内田吐夢、木村荘十二、菊池周子、岸富美子、勢満雄、高島小二郎、福島宏）を迎え「私たちは新中国で映画をつくってきた」という座談会記事を掲載する。

岩崎は、ここで司会を務める。島津保次郎監督の『私の鶯』でカメラを回した福島とは久々の再会であったはずであるが、この座談会の話題は「ポスト満洲」に限定されており、岩崎の過去は一切触れられない。

「満映には中国人の技術家や労働者がたくさんいたわけでしょう。そういう人たちはどうなつたのですか？」岩崎は座談会でこのように問いを発する。そう、まるで満映を全く知らないかのように。本来であれば「たくさんいましたけど、彼らはどうしたんですか」とたずねているはずだが、これはゲラで手を入れたのか、それとも最初から、知らないふりで押し通したのだろうか。

満映時代の岩崎を知る者たちは、それぞれ思うところがあったはずであるが、誰もその告解を要求してはいない。彼らは、いつか整理がついて自ら語り出す日まで、温かく見守ることを選択している。それは、相当の人望が岩崎に寄せられていたことを示す。

一九八一年、沈黙を守ったまま、岩崎はこの世を去る。岩崎の満映時代に光があてられるようになったのは、そこからであろう。

その牽引者となったのは、李香蘭・山口淑子だ。岩崎が鬼籍に入ったことから、もはや遠慮の必要なしとみたものか、満映で大変世話になったことを『李香蘭私の半生』（新潮社、一九八七年）は明らかにしている。「自身が満映とのかかわりをほとんど記録に残していないせいか、満映の製作、企画部門で大活躍したことは、あまり知られていない」という岩崎の秘められてきた一面が、ここで初めて広く知られることになったのである。

もっとも、その露払いになっているのは、一九八四年〈映画史研究〉に発表された坪井與の「満洲映画協会の回想」と、同年末の『運命の歌姫』と改題された『私の鶯』短縮版発見である。坪井は書く、満映史をまとめる「一番の適任者は何と云っても岩崎さんを措いて誰もない」と。しかしながら、その岩崎は「満映の歴史は吾々の義務として書き残して置くべき」と言いながら、自ら筆を執ることはなく、坪井にその執筆を慫慂していたという。

だが、実際にその存命中に満映史が書かれていた場合、発表できたかどうか。「ほんまに書いてどうすんねん」と激しく突っ込まれたのではあるまいか。

戦後、沈黙を貫き通してきたことからすれば、少なくとも、東京支社がらみの記述と松竹、東宝等との合作がらみは自分に関わるところだから、そこは僕が発表できるように残しておいてよ、と岩崎関連の事項を削らされたか、少し手を入れたいので、預からせてくれといって、そのまま抱えこまれてしまったのではないか。そうした疑念を抑えることは正直難しい。

そして、出現した岩崎プロデュース作『私の鶯』（『運命の歌姫』と題された短縮版）にも不信が生じる。

佐藤忠男は『キネマと砲聲』（岩波書店、二〇〇四／初刊・

『迎春花』のスタッフ。前列左から３人め李香蘭、５人め木暮実千代。後列左から２人め岩崎

リブロポート、一九八五）でこの短縮版の特徴について、反共描写が「中国やソ連に配慮してカット」されていることを指摘する。程度問題とはいえ、ホラー映画が怖いから、恐怖描写をカットされ、ポルノ映画がエロいからといって性描写を削られるであろうか。

大日本帝国の傀儡国家の作った映画に反共描写がなかったらかえって、甘粕偉い、満洲偉い、日本偉いということになって不都合である。手を加えるのであれば、そこは、満映に「悪」のレッテルを貼るために、逆に反共描写を盛って、かくの如く極悪非道な奴らでしたとすべきところであろう。

門間貴志は「岩崎昶の神話―『私の鶯』への道」『ポスト満洲映画論』（人文書院、二〇一〇所載）で『運命の歌姫』について、「これは戦後日本で公開するために再編集を加えて準備されていたが、実現を見なかったものと考えられる。誰がそれを画策したのかは不明だが、おそらく岩崎が関わっていたであろうことは推測できる」とする。

当否はともかく、ここに岩崎の関与を想定するのであれば、反共描写の削除は、岩崎の意志であったことになる。つまり、ここでは『私の鶯』からプロパガンダ要素を排除して良心的な芸術映画に偽装することが試みられ、その結果出来上がったのが『運命の歌姫』だったということになる。そして、反共色が充分に拭いきれていないとの判断によって、表に出さずに握り潰されたという物語が紡ぎ出されるのである。門間の論考は「岩崎昶の神話」と題されているが、それを解体はしてはいない。

『私の鶯』での白系ロシア人によるコンサートを妨害する共産主義者の描写について、門間は「この考えは却下した方がいいかもしれない」とカッコ書きをつけて、相当に無理のある想定であることを認めつつも「ボルシェビキが封建的な貴族社会を倒すべく遠い満洲でも戦っていることを称賛し、…日本の天皇制を批判するメッセージ」と考えられないものかと書く。そうせずにはおれない程、没後も岩崎の「神」通力は強大だ。

この威光を以てすれば、普通にオリジナルの『私の鶯』を公開して、この箇所の本来の意図はこれこれでしたといえば、それで押し通せていた気もするのだが、それが出来ない程、昭和における政治闘争は苛烈で、「謝ったら死ぬ」レベルであったということか。たしかに竹中労は「「満映」を書くと、はっきりいえば評論家では岩崎昶さん、岸松雄さんなどが血祭りにあげられます」(『竹中労の右翼との対話』現代評論社、一九八一)と語っていたわけだが。

なお、筆者にしても岩崎家には没後何年に開封せよと記された箱があり、その中に満映関連の事績を纏めた記録と資料群が収められて公開を待っているのではないかと夢想する程度には、その神通力の影響下にあることを告白しておこう。

なお、山口淑子も岩崎が投獄前に満映にいたことを明らかにしているのだが、研究者は揃いも揃って、それに気づいていないか、気づかないふりをしている。山口が岩崎と最初にあったのは一九三九年『白蘭の歌』の撮影に先立つキャンペーンの会見の場であるから、これが投獄前の出来事であることは了解されよう。それについて山口はこう書く。「そのとき満映関係者の一人として岩崎昶さんにお会いした」(『李香蘭私の半生』)、「私は、隣の満映代表席にいる、つむぎの和服の男性［岩崎］の、知的な姿が気になっていました」(『戦争と平和と歌』東京新聞出版局、一九九三)。

会見の場に偶々居合わせた映画評論家ではなく、満映の人間として岩崎は李香蘭に会っているのである。

ちゃんと書いている（語っている）のに、それを読み取れない研究者の節穴ぶりに、山口はあきれかえったまま逝き、岩崎と合流することになったようだ。

## 満映。でプロデュース

熊井啓は〈キネマ旬報〉一九七三年五月一日号の「映画「忍ぶ川」をめぐる総てについての記録10」中で、岩崎に触れ、保釈後「裁判は十七［一九四二］年早春までかかり、唯物論研究会の被告三十名の全体弁護人は海野普吉、三輪寿壮氏等であった。岩崎氏には懲役二年執行猶予三年の判決が下された」と記す。

当局はあきらかに関係者を一山幾らの感覚でひっくくっているわけだが、捕まった側としては、その理不尽さに対して、何か特別の理由があったと考えたいところだ。岩崎は『日本映画私史』で、唯物論研究会関係者として検挙されたが、直接的な理由を不明とし、映画法に反対したことが問題とされたことを示唆する。それは、反骨の映画人というパブリック・イメージに合致したものとはいえ、判決文に明示されていない以上、それは「岩崎にとっての真実」であったと見るほかない。

熊井は、満映への入社を「中国への侵略戦争の本質を見ぬいてい」て「健康を理由に断」るが、それを根岸寛一が「みかねて、敗戦まで満映東京支社嘱託の名目で援助し」たと書くが、その様に説明したのは果たして誰だったのだろう。

また、城戸四郎が身元引受人で、「人物証人」の弁護士であったことを意外としているのだが、満洲映画協会（満映）での映画製作がらみの仕事として知られるものの最初が松竹の清水宏監督との作業であったことから辿ると、極めて自然な繋がりであったようにもみえる。

岸松雄は一九四一年に台湾、上海を視察して、年末に、その清水と制作準備に取り掛かったとする。この視察についてはよくわからないが、少なくとも一一月あたりにはプロデューサーとしての活動を開始していたことは間違いない。

『楽天楽観映画監督佐々木康』（ワイズ出版、二〇〇三）には太平洋戦争開戦当日の一二月八日、「［佐々木］」は熱海の金城館で脚本を書いていて、そのラジオ報道を聞き逃している。清水宏監督、脚本家の長瀬喜伴氏、満映〈満洲映画協会〉のプロデューサー岩崎昶氏、そして私の四人で、李香蘭〈山口淑子〉主演の『サヨンの鐘』

（昭和17年作品）の脚本を書いていたのである。…ラジオを聞かなかった私たちは太平洋戦争の勃発を夕方まで知らなかったのである」とある。

このエピソード自体は作品名を伏せて岩崎も『占領されたスクリーン』で記している。

岩崎は自身が手掛けた唯一の映画化された長篇劇映画シナリオとして、台湾を舞台にした田坂具隆監督の『阿里山の俠児』（完成作のクレジットでは原作者とされていて、畑本秋一脚色となっていたという）という作品があったことを『映画が若かったとき』に記し、公開後、同地を訪れた際、現地の人達に浅薄な台湾表象を批判されて大変恥ずかしかったことを述懐している。

同じ台湾を舞台とした『サヨンの鐘』は、その失地を挽回する機会でもあったはずであり、対比的にどのような配慮を試みたかを披瀝すべき恰好の機会であったはずだが、もちろん岩崎は沈黙を貫く。

『サヨンの鐘』の映画化は、開戦によって台湾と日本の間の航路の安全に不安が生じたということで延期され李香蘭を主演に据えた企画は急遽、監督を佐々木康とし、満洲を舞台とする『迎春花』に転じた。

佐々木は一九四二年一月四日、東京駅に集合して神戸へ向い、そこから満洲へと渡る。

清水宏が総監督に回った『迎春花』を、山口淑子は「岩崎さんと清水宏監督の友情から生まれた作品」といい、この作品から岩崎との交流が始まったとする。

以下、製作状況に関する記述は〈映画旬報〉の各号に見える撮影所通信等に拠る。

ハルビンでの撮影が一月十七日に始まったことがニュースとして伝えられているのは、現地でロケハンを行いながら脚本を練っていて撮影開始が遅れたのか、劇中でのクライマックスのパートである同地のシーケンスに前に、メインである奉天パートの撮影があったことを示すものか。

この作品のあらましは、建築会社の奉天支社に支社長の甥・近衛敏明が赴任してきて、支社長の娘・木暮実千代は密かに彼に想いを寄せていて、近衛が自宅に下宿して親密になれるかと思っていたら、現地の人と交流すべきという支社長の言葉に、満人の家に下宿し、李香蘭と親しくなってしまい三角関係が生じるといったもの。

現実には、木暮実千代が新京にいた従兄（二十年上だったというから、おじさんというべきか）の和田日出吉にホテル住まいは不便だろうから家にこいと、引っ張ら

明治時代から大正初年へかけて
は、我國の人形の中でも特殊の地位を占める絲あやつりで、かなり巧緻な
技巧を示したものである。結城孫三郎の後嗣一緒はこれは現代化すべく努
力し、種々新しい試みを行つてゐる。
寫眞は滿映で映畫化された「杜子春」。
あやつりと
大サーカス

人形劇『夜明珠伝』(『新劇』1979年9月号)

れた挙句、その和田と結ばれてしまうのだから、そっちの方が余程、出来過ぎの艶笑喜劇で、二月一二日に帰京、京都でのセット撮影部分を加え、三月二一日に公開された映画本編が凡作とされてしまったのもいたしかたないところ。

しかし凡庸なメロドラマでも、それが外地の物珍しい背景の中で展開されると新鮮に見えたことは間違いなく、評論家受けは悪くとも『迎春花』は興行的にかなりの成績を収めた(もっとも、中国人向けに公開された際には大コケしている)。

『迎春花』と並行して岩崎がプロデュースしているのが人形劇映画『夜明珠伝』である。この作品は、映画史からみで言及されている例を見ないため、その実在性を疑うべきかとも思われたが検閲記録が存在し、実際に製作されたことは間違いない。

この作品の背景については人形遣い師一〇代目結城孫三郎の著した『糸あやつり』（青蛙房、一九六六）と、それをベースに一一代目が書き改めた「傀儡師一代」が記録している。

一九四一年に東宝で人形劇映画『杜子春』が企画され、伏水修監督で、声優陣に長谷川一夫、丸山定夫、岸井明などを迎えることまで決定していたが、フィルム統制で中止になってしまう。この話を満洲慰問の際、満映の根岸寛一に話したところ、満映でやろうということになり、プロデューサー岩崎昶、監督八田元夫、美術山崎醇之輔で製作することになったのである。

『糸あやつり』には具体的な年月が示されていないが、「傀儡師一代（六）」（〈新劇〉一九七九年九月号）は、その作品『夜明珠伝』のクランクインを一九四二年二月のことと記す。『迎春花』の撮影時期と重なっているが、翌年だと『サヨンの鐘』にぶつかるので、『迎春花』の合間を縫っての製作だったとみるべきか。

これは満洲ではなくスタッフの都合で東京での撮影となったが、それは秘密裏に行われなければならなかった。というのは、満映は現地での実権を握って、日本からのロケの際、金を徴収していたため、逆に東京での活動に、日本の映画会社が制限を加えていたからだという。

撮影したフィルムは軍用機で輸送されて満洲で現像され、ラッシュを見るのも容易ではなく、その上、向島に確保されたスタジオがボロくて寒さが厳しく、耐え切れずに中で焚火をしたところ、煙でのどと目をやられ大変な思いをしたと述懐されている。さらに厳しかったのが時間の制限で、内緒で撮影しているので、長引くとバレると早撮りが要求され、連日の徹夜続きで疲労困憊となり、危うく重大な事故に至りかかったことも再三だったという。

「苦労して撮り終えたフィルムは満洲で現像、編集されて完成したのだが、その後、戦争は激しくなるばかりで、未公開のまま、日本に持ち帰る事もできず、敗戦のため、どこに行ったのか行先知れずになってしまったのである」（「傀儡師一代」）とされたこの作品の、検閲記録が「映画検閲時報　自昭和一八年四月一日至昭和一八年四月三十日」に見え、輸出映画ノ部に「夜明珠傳」（ネガ共）一　［巻数］九　［員幅］二、四六三　［申請者］満映　［製作者］同　［輸出年月日］未定　［輸出目的］興行用　［仕向地荷受人住所氏名］新京特別市満映」と出ている。これだけを見ると、製作は一九四三年で、東京で完成させられているようにも見えるが、情報はここで尽きている。

作品内容すら判然としないが、これもどうも『杜子春』の物語だったようである。〈演劇界〉一九四四年二月号の口絵に「満映で映画化された「杜子春」」という図版が掲載されており、おそらくこれが『夜明珠伝』だったと思われる。

ともかく、岩崎を含め、結城以外の関係者がこの作品について語っている節はみられない。治安維持法で獄に繋がれ、原爆によって逝った劇団桜隊の関係者として、戦時体制の被害者という立場で戦後を生きた八田元夫にとっては、やはり満映の仕事に手を染めたということはひた隠しにすべき黒歴史だったということになる。

同様に治安維持法で捕まった劇作家久板栄二郎は、釈放後に、吉村公三郎のために脚本を書く仕事を得ているが、これは、岩崎の推薦によるものであったといい、岩崎が手を回して用意した満映仕事で露命をつないだ活動家は少なくなかったのかもしれない。

満映時代についての沈黙は、大量の巻き込みで連鎖的に各所に火の手が上がることを懸念したためだったと解すべきなのだろうか。

そうした係累に縛られていない撮影監督の西本正は、満洲から内地へ留学した際に東京支社で岩崎に世話になり、よくかわいがってもらったと『香港への道』（筑摩書房、二〇〇四）であっけらかんと語っていたりするのであるが。

ところで、岩崎は満映に嘱託として入り、その仕事を認められて東京支社の次長となったとされるが、その時期や、経緯ははっきりとはしない。プロデューサー業務で日本の映画会社とやり取りをするにあたって、嘱託では軽く見られるため、次長という肩書が用意されたものかと思われたが、満映の制度に拠っているようでもある。〈映画旬報〉一九四三年九月一日の「満映東京支社新機構」には「なほ岩崎昶氏は次長制度廃止と共に嘱託として従前の如く対外企画そのほかを担当する。」と出ている。

この対外企画というのは、日本の映画会社との合作作品において、間に立って、満映側の意向と各社の要望を擦り合わせることであったと推察している。満映との合作は李香蘭作品以外にもあり、それらについても岩崎が担当していたが、山口のように証言を残す者が現れなかったため隠されてしまっているのだろうか。

李香蘭作品に限っても『迎春花』と『サヨンの鐘』の間に同じ松竹の『戦ひの街』があるわけだが、『サヨンの鐘』への入れ込み具合からすれば、そちらについては、同様の業務に従事していた別の人物を想定する必要がありそうだ。

さて、ここから岩崎が関わったことが明らかな残り三つの李香蘭作品を見ていく。これらの製作期間は重なっており撮影時期も錯綜している。時系列で整理して提示するには、得られる資料があまり不十分だということで、作品毎に情報をまとめていく。

◎『萬世流芳』

まずは、中華電影ほかとの合作映画『萬世流芳』である。山口淑子は七月に初めての企画会議があり一一月クランクインとする。上海での撮影とそこに岩崎が同行していたことは清水晶『上海租界映画私史』(新潮社、一九九五)に見える。李香蘭は一〇月一〇日に上海入りしたが、そこに岩崎は「満映の企画担当者という資格で同道していた」という。

『萬世流芳』はアヘン戦争を背景とした物語で、李香蘭は、中毒者となった林則徐の友人の恋人役として出演。飴売り娘として最初、アヘンを宣伝する歌を、そしてその歌詞を、アヘンに対する警鐘するものに変えて歌うところが最大の見せ場であった。

映画全体から見ればサイドパートになるその出演シーンの撮影が先行させられ、三週間で李香蘭は上海を離れ(全体の撮影は翌年三月まで続く)、ハルピンの『私の鶯』の撮影に向かったと清水は記す。

だが、『私の鶯』の現場にはおそらく一瞬顔を出しただけで、直ぐに原研吉監督作品『戦ひの街』の方で拘束されることになったはずだ。

◎『サヨンの鐘』

『迎春花』の完成後、その次回作として『サヨンの鐘』という話が一瞬でるものの、それが具体的に動き始めたのは夏になってからのようである。

〈台湾時報〉一九四二年一〇月号の黒木敏朗「東京の台湾二」に清水宏と日比谷公園の前で出会った際に『サヨンの鐘』への意欲を語られたこと、先々月のロケーションで傷ついたこと、九月末に第二回の渡台が予定されているという話が記され、「シナリオ原本の作者であり、実際の企画者である満映岩崎昶氏の言葉を紹介する事もその熱意と努力を知る上に無駄ではあるまいから、次に列挙する事にしたと」製作意図に関するステートメントが掲載されている。

〈映画旬報〉一九四二年一一月一日号の「大陸映画連盟の結成をめぐる座談会」で茂木久平は「今清水宏、岩崎昶君が「サヨンの鐘」のロケーションに台湾に行つてるんですが、今日来た手紙によると、あそこにゐる大学の先生だの、その他あらゆる人を動員して、まづ根本的に高砂族の研究から始めて、その人達の協力の下に今やつてゐる」と発言している。

やはり現地のことを知らずに書いた『阿里山の俠児』のリベンジの意図が岩崎には生じていたように見える。〈映画旬報〉一九四二年一一月一日号の「台湾映画通信」には清水、岩崎が一〇月一日来台、清水は、実情を視察して決定シナリオを書き一二月初旬より撮影にとりかかる予定で七日から二〇日間全島各地を回る旨を語ったことが記されている。

とすれば、『萬世流芳』のため急遽、岩崎はこの場を抜け上海に向かうことになったことになる。

撮影の開始は一九四三年に入ってからである。李香蘭が『戦ひの街』の撮影現場につかまっており、見切り発車で第一班が一月一五日に台湾入りし、それに二班、三班と順次渡台、李香蘭が次の現場へと移動したのは二三日のことであったという。

この後、雨期に悩まされたりしつつ三月まで台湾での撮影は続き、四月から京都下加茂でセット撮影が始まり、伊豆でのロケ撮影を挟んで五月一二日李香蘭は、『私の鶯』ではなく同じ島津保次郎監督『誓ひの合唱』（この時点では『真夜中の部隊』）の現場を目指して日本を去っている。

一九四三年七月一日に公開された『サヨンの鐘』は台湾の山地民の牧歌的な生活と、彼らが見事に皇民化されて愛国的に振る舞う様を描いたものであるが、皇民化の成功を示す絵作りをすると、画面上に現れるのは、なんかちょっと服装の変わっただけの日本の田舎風景となり、そこからは『迎春花』で見られたエキゾチズムは失われている。観衆は「台湾らしくない」という感想を漏らし、盛り上がりに欠ける内容を李香蘭の人気だけで糊塗することはできず、次第に客足は遠のいていったという。

なお、本作がプロパガンダ映画として成功し現地人の義勇軍への志願を後押ししたとする文献もあるが、〈映画旬報〉一九四三年一一月二一日号に「今日なほ肝腎の台湾に上映されないでゐる」とあり、台湾では当初まともに公開されていない。
「サヨンの鐘」の物語が映画に限らず小説や舞台といった様々なメディアで流布させられていることに関心を寄せ、その広がりを追って研究している下村作次郎も、『サヨンの鐘』の台湾での上映状況は摑めていないとしており、現地での受容についての探求はこれからの課題であるようだ。

◎『私の鶯』

従来の研究では『私の鶯』に関する背景情報はほぼ山口淑子の証言によっており、それを検証する努力はほとんど見られない。「来日したハルビン・バレエ団の舞台に感激した島津監督が親しい友人の岩崎昶さんと一夜、ミュージカル映画の夢を語り合って構想を練り映画化を企画した」とされるが、これが何時のどこの舞台なのか、音楽方面から同作にアプローチする岩野裕一も触れていない。新聞データベース等で見る限り、この時期「ハルビン」のバレエ団の来日公演で確認できるものは、一九四一年七〜九月の「ハルビン・ストーリン・バレー団」が唯一のものになるが、これが島津を感激させた舞台なのだろうか。古川ロッパ日記の七月二二日に日劇で招聘された同バレー団の試演を見にいったことが記されているのだが「凡そ古くさくてつまらないし、踊りも下手。」とある。

〈映画旬報〉でもアトラクションとして言及しているが「我々の方が遥かに進歩してゐることを心強く感じさせた点にのみ、意義を見出すことが出来る」という酷評振りである。

もし、このバレー団がきっかけであったとすれば、感興抜きに、素材として面白い、と思ったところからのスタートであったことになろう。

映画研究者のメイキング部分への無関心は、さすが表象研究者であると感心すべきところなのか。

ここでは、先行研究が気に留めていない製作の進行ぶりを〈映画旬報〉を基に、追いかけよう。

同誌上で確認できている『私の鶯』についての最初の言及は一九四三年七月一日号で東宝の下半期の企画紹介の中で触れられたものである。その後、島津が『母の地図』完成次第渡満するとされ、八月二〇日に新京に到着、ハルピンで一ケ月準備、ハルピンロケハン終了北京へ、といった通信が見える。

一一月二一日号以降は、タイトルが『ハルピン歌姫』に変更され、同号では近く渡満とされていた。一一月二九日に新京着、一二月八日よりセット入り、ハルピンに於ける民団籠城場面のロケを一部完了、その帰途に連絡船上で若干の撮影を行い、残りは新春開始というのが一二月下旬時点での進行具合であった。一月下旬には安宿、病院のセット撮影が終えられ、二月には再びハルピンロケを予定し、二月中旬に露人床屋、松丘洋行等のセット撮影が進められている。

ともかく現場では、李香蘭待ちが続き、彼女のいない場面の撮影のみが進捗することになっていた。

そのためもあってか、作品タイトルは『私の鶯』に戻されており、前半の行方不明の娘を探す父親の描写には、別の映画に拘束され、いつ合流できるのやら全く状況の見えない李香蘭へのスタッフの想いが重ねられているように見えてくる。

『サヨンの鐘』撮影中の李香蘭

『私の鶯』の完成前に島津の次作『真夜中の部隊』（後に『誓ひの合唱』と改題）の製作も開始される。その合間に『私の鶯』の仕事も進められていたようで五月一二日来燕、北京、天津での撮影を行ったという記述がある。李香蘭は二作にかけもちで出演する形になったが、以降、雑誌では『誓ひの合唱』のみ七月末に完成、島津の次回作に『日常の戦ひ』が決まった等のみが報じられ、『私の鶯』に関する進捗は見えなくなる。

〈映画旬報〉が一九四三年一一月に終刊してしまい、完成までの最終段階の様相については、業界通信紙の発掘、ロシア語メディアの探索といった難易度の高い調査となることから、後考を俟ちたい。

なお〈日本映画〉一九四四年三月号に「撮影完了した」という一文があり、ここから一月末か二月初旬に作業は一旦終了していたことになる。この後に追加撮影が行われているのだろうか。山口淑子が見たという「三月二四日現像終了、完成」というメモについても、現物を確認した者がいないのであれば、再考する必要があるかもしれない。そもそも現像が終わって完成という表現に違和感がある。ネガ編集を終えてか、ポジを焼いて、が完成のような気がするのは素人の感覚であろうか。

さて『私の鶯』は、ロシア革命で逐われる白系ロシア人音楽家たちを匿い、共産軍から一緒に逃げることになった日本人家族が、戦闘に巻き込まれて離れ離れとなり、その娘の行方を捜す物語である。娘はなかなか見つからない。行動を共にすることになったロシア人音楽家は、娘を実の娘として深く愛し、本当の親によって別離を迫られることを恐れて、身を潜めていた、と展開する。

さて、白系ロシア人に育てられた日本人娘（李香蘭）の物語を中国人がどのように感情移入して鑑賞する想定だったのか。戦争末期に『哈爾濱歌女』として上海で公開されていたといわれているが、相当にアレンジを加える必要があったのではあるまいか。

製作時にも、メインの客層と目されていたのは満洲の白系ロシア人で、それ以外の観客にはアピールしないであろうと悲観視する向きもあったようだ。

辻久一は『中華電影史話』（凱風社、一九八七）で、関東軍の精鋭がどんどん南方に送られ、弱体化したことで、親ソ方針が前面に押し出されることになったこと、上海にソビエト連邦の映画が入ってきたことを記している。こうした方針の下であれば、太平洋戦争末期に『私の鶯』がお蔵入りするのは当然の成り行きのように見える。

さて、『私の鶯』の戦後の上映に関して意外に参照されていないのが『東宝三十年史』である。ここに示されているのが、東宝の公式見解だろう。製作本数の不足から各社とも旧作の再上映を行っていたが、「占領軍は占領目的達成を阻害するものとして、満洲事変以後に製作された作品を検閲して、その大半の再上映を禁止し」、『私の鶯』は「その国籍（満洲国）のゆえに陽の目を見ることができませんでした」とある。島津の遺作として公開しようとしていたことからすれば、一九四六年の一周忌に合わせる意図があったものか。ともかく、ここでは、満映というスティグマが、内容以前に問題とされ上映の道が閉ざされたことになる。

また、短縮版が『運命の歌姫』というタイトルを与えられたのは、〈人物往来〉の一九五六年二月号に掲載された元陸軍報道部長島田勝巳による記事「運命の歌姫・李香蘭」がそれなりの注目を集めたことによるものではないだろうか。戦後、李香蘭を扱った雑誌記事は意外に多くなく、これなどは珍しい例であったと思われる。

◎『香妃』

そしてもう一本、作られずに終わった李香蘭作品『香妃』がある。

一九四三年三月頃、生フィルムの減配を前に以前に頓挫した華北、中華、満映の三社による大陸映画聯盟の構想が再び動き出し、その参加メンバーの候補に岩崎の名前があがる。四月一日を期して委員長川喜多長政、事務局長茂木久平で発足し、その企画室に岩崎という布陣が〈映画旬報〉に見える。

同年一〇月一九日同盟の書き入れの見える「卜萬蒼、李香蘭合作映画決定」という記事の切抜が『映画公社旧蔵戦時統制下映画資料集　第二三巻』（ゆまに書房、二〇一五）に収録されており、この時期、岩崎が上海で合作映画の企画を進めていたことが確認できる。

そして、稲垣浩監督作品『狼煙は上海に揚る』（春江遺恨）の撮影中にも岩崎が上海を訪れていたことを辻久一は記録している。これは、一九四四年三月頃のことであろう。

辻はその目的を『香妃』についての打ち合わせのためだったと記憶しているとし、『木蘭従軍』をヒットさせた上海の有力な映画製作者で、川喜多長政と協力関係にあった張善琨が大乗り気であったと書く。岩崎は稲垣作品のセットや、華影の状況を視察して去っており、この時期にも相変わらず、海を越えて飛び回っていたのである。

もっとも、それから先のことは良くわからない。この年の出来事として伝わるのは、満映を辞めたいという李香蘭の決意を後押しエピソードのみである。

一九四五年二月の〈日本映画〉には上海映画の関係者の団体、滬映会の結成が報じられ、そこに岩崎の名がある。これと同時に大陸映画聯盟の活動を調査機能だけに絞ったかのような大陸映画綜合調査室という組織も設立されており、事務所は丸の内海上ビルの中華映画内におかれたという。一九四五年春に田園調布の小児科医院の二階に設けられ、岩崎や筈見恒夫が拠ったという大陸映画調査室はこの分室的なものであったものか。

岩崎はこの機関について「筈見恒夫だの…およそ聖戦完遂の役に立ちそうもない分子を、…安全かつ無害に収容していた…茂木久平のやはり何といっても先見の明から出たところであった。」(「八月十五日の涙」〈キネマ旬報〉一九六〇年八月一五日号)とのみ記している。

この時期、岩崎は食料不足で栄養失調となり歩くのも困難だったとするが、山口によれば、李香蘭の日本における拠点だった帝国アパートが空襲(青山にあったということからすれば五月二五日の山の手大空襲であろう)を受けた際、素早く現場に駆け付け、残っていた荷物を自宅に引き取り保管する手際の良さを見せており、夏になるまでは元気だったようだ。

岩崎の書く、茂木の先見の明とは、プロパガンダ映画製作から一歩引いた調査機関に組織が縮小されたことで、戦後の占領軍の追求を逃れることができたということでもあったのだろうか。

筈見恒夫は、その日記の一九四五年八月三一日に「岩崎君と、調査室の解散について決定。」と書く。おそらくここが、岩崎にとっての戦時の終わりであり、新たな出発の日であっただろう。

## おわりに

もし門間が岩崎昶神話の延命を図りたいと思っていたのであれば、『私の鶯』に現れる共産主義者の白系ロシア人への攻撃のシーケンスから帝国主義への批判を無理やり読み取るのではなく、反共描写の挿入を押し付けられつつも、それを記号的で表層的なものに押しとどめ、プロパガンダとしての実効性を骨抜きにしているから偉い、ということにして、試写で見たという大塚有章の言葉「…映画自体は愚劣だったな。…仮にも反共映画を作ろうというのなら、少なくも監督は共産主義および共産主義運動のABC位は勉強してかからねば駄目だと思うな。…あそこまで御粗末では張り合う気も起らんな」(『未完の旅路　第五巻』三一書房、一九六一)としたくだりをその証左として示せばよかったのでないか。

付け加えるなら、門間の論考では、注に示された『サヨンの鐘』が一番見たくない映画だったという証言が興味深い。左翼映画評論家としてはおそらく反共要素を入れ込んだ『私の鶯』が一番の恥部だったはずにも関わらず『サヨンの鐘』を挙げているのは、それを隠すためのミスディレクションであったという解釈も成り立つが、そこは、『私の鶯』については無毒化したという自信があったので、台湾の純朴な山地民を戦場に駆り立てることになった『サヨンの鐘』の方を気に病んでいたという見立てで押し切るところだろう。

ただやはり神話は解体してしまった方がすっきりする。

佐藤忠男は、岩崎にとって「満映は、ただひたすら、この過酷な時代を、首をすくめておとなしく過ごすための場、以上のものでなかったようである」(『キネマと砲聲』)とする。果たして、首をすくめていた男が、満洲、台湾、上海と駆け回るであろうか。

藤田嗣治はいわゆる「戦争画」を描いたことを非難され、日本を離れることになったが、今日それ抜きで藤田の業績を語る美術研究者は一人もいないだろう。岩崎の満映での仕事も同様である。さも取るに足りない汚れ仕事で、無かった物として扱うという姿勢は明らかに不遜だ。

佐藤は「岩崎昶はこの作品[私の鶯]をなんとか日本で公開したかったようであり、日記には敗戦間際までこの映画の公開について東宝と話し合いをしていたらしい記述がある」と書く。そう、戦時中の岩崎の日記は残されていて、佐藤はそれを見ているのである。

戦後、責任回避のために捏造された日記というのでなければ、そこには戦火の中、様々な苦難を乗り越えて映画製作に邁進した岩崎の姿が刻まれていたはずである。それを岩崎にとって「首をすくめておとなしく過ご」したのだとまとめてしまえる佐藤の感覚に対しては失望の念を禁じ得ない。

先に、岩崎家に満映関連の資料が封印され残されているのではないかという妄想を漏らしてしまったが、こうなると実際に資料は存在し、それを佐藤が隠蔽しているような気がしてくるので、危険だ。

関係者には、こうした妄想に罹患した患者が暴れ出す前に、是非とも資料公開に御尽力いただきたいとお願いして、筆を擱こう。

(ふじもと・なおき)

自伝というもの

# 岸惠子のセンス

川喜多英一

映画人の閲歴を描く本なら、同時代のファンによるインタビュー、が最強だ。最近では樋口尚文『秋吉久美子調書』（筑摩書房　２０２０年刊）。まさに微に入り細を穿つ姿勢で、当方のような特に秋吉ファンじゃない者でも、〝同時代〟の記憶から、つい引込まれていろいろ再見したくなっちゃった。秋吉という人、悧巧で個性が強く文章もイケる口だから、自伝となったら、思いが溢れすぎて収拾がつかなくなった惧れがある。規制もしちゃうし、ね。名文家・池部良の大量のエッセイは、細切れの自伝みたいなもんだけど、遂に前夫人に触れることなく終わった。多少イヤなことでも、理解ある他人が加わってこそ、読者が納得する本になるのだ。樋口が本格ファンだということに気付いた秋吉が、遠慮なくすべてを曝け出してる感じ…其処にかつての大胆な藝風が二重写しになって…得難い逸品が出来上がったわけだ。

自伝となると、実際に本人が書こうが、ゴーストライターの作物だろうが、ファンの視点が入らないことには変わりがない。しかも編集者の価値観が入ってくる。読者を「映画スタアの恋愛、醜聞には興味あるけど、フィルムは有名作を数本見てるだけ」のユルい一般人に設定してくる。『岸惠子自伝』（岩波書店　２０２１年５月刊）は、その典型だった。日本経済新聞連載「私の履歴書」が元になってるという段階で、まあ〝一般向け〟になるのは、しょうがない。御本人が家族大好きで、読者との温度差なんて考えないのも可愛いっちゃ可愛い。国際ジャーナリストとしての活動がタップリ過ぎるのも、岩波バイアスかしら、と思うけど、あゝこの世代の人にとって岩波は憧れの存在だもんな、と納得できなくもない。

とはいえ「自伝」と銘打たれた本が出た以上、もっと濃いインタビューを改めて、は難しいだろう。小林正樹についてだけでも突っ込んで訊いてくれる人いませんか。『怪談』での苦渋が『三つの愛』『からみ合い』まで忘れたくなっているなら、それを解きほぐす〝スキ〟なインタビュアーの力が必要だ。

と、だいたいは不満ばかりなんだが、自分で書いてる人ゆえの、聞き書きだったら削られちゃうだろう、嬉しい箇所もあった。彼女、北畠八穂の愛読者だというのだ！　北畠といえば一般には、児童文学作家ってだけだろうが、このヒト晩年の作品がどれも凄いのだ。とくに『魂やあい』（80年）は、身障者である自分と歴代の女中たちとの、愛情と葛藤が綯い交ぜになった、まさに人間の善悪についての省察に溢れた作品。読んでいて「これ小林正樹が映画化したらピタリ」と思ったもんだ。そんな北畠に注目する岸惠子、やっぱりセンス抜群のステキな女優です。

あ、娘さんによる装丁も、岩波とは思えないカッコヨさ。血だね。

（かわきた・えいいち）

独立系成人映画再考
音楽篇④

# 安田南がスターだった頃

東舎利樹

岩谷《いわたに》時子（1916〜2013）は朝鮮の京城府（現：ソウル特別市）生まれで神戸女学院大学部英文科を卒業し、宝塚歌劇団の機関誌「歌劇」の編集長を経て越路吹雪のマネージャーとなり、「愛の讃歌」「ラストダンスは私に」「ろくでなし」といった越路の持ち歌の日本語詞や、ザ・ピーナッツ「恋のバカンス」ピンキーとキラーズ「恋の季節」郷ひろみ「男の子女の子」などの作詞も手がけているが、竹洞哲也『人情フェロモンもち肌わしづかみ（18）』の劇中で「スナック マ・ヤン」のママ・丸高歌子役の工藤翔子（1972〜）が「愛の讃歌」を唄っている。ちなみにJR東中野駅近くの線路沿いにあった桜並木の伐採をモチーフにした『人情フェロモン〜』では、女優の光岡早苗（＝城山路子）が東中野で経営していたバーを引き継いだ小林悟監督（竹洞の師匠）の店《スナック リズ》も協力しているが、かつて〃隆見夏子〃として「ペントハウス 1983年9月号」「Monthly平凡パンチ 1985年9月号」などのグラビアにも登場し、現在は〃雅《みやび》仙よし〃の名前で端唄の師匠もしているリズのママ（小林監督の未亡人・小林初枝）が〃東中野リズ子〃名義でワンシーンだけ出ている。いずみたく（1930〜1992）は東京府東京市下谷区谷中（現：東京都台東区）生まれで鎌倉アカデミア演劇科一期生を経て舞台芸術学院演劇学科を卒業し、坂本九「見上げてごらん夜の星を」青い三角定規「太陽がくれた季節」中村雅俊「ふれあい」や童謡「手のひらを太陽に」など、CMソング／番組の主題歌／ミュージカル／校歌／交響曲なども含め約1500曲を作曲したといわれている。

青江三奈（1941〜2000）は東京都江東区砂町出身で成徳学園高等部在学中から銀座《銀巴里》のステージに立っていたが、西武百貨店勤務を経てクラブ歌手となり、川内康範が雑誌「週刊現代」に連載していた小説「恍惚」のヒロインである歌手〃青江三奈〃の名前をもらい1966年6月21日にシングル「恍惚のブルース（作詞も川内）」でメジャーデビュー。その後も「伊勢佐木町ブルース（第10回日本レコード大賞歌唱賞／第1回日本有線大賞スター賞）」「長崎ブルース」「池袋の夜（第11回日本レコード大賞歌唱賞）」などのヒット曲があり、NHK紅白歌合戦には第17・19〜34・41回と出場しているが、林新一郎『愛の夫婦生活（71）』では1970年10月5日に発売された青江の21thシングル「昭和おんなブルース」とB面曲「爪をかむ女」（共に作詞：なかにし礼／作曲：花礼二）」がストリップの場面でBGMとして使われている。

浅川マキ（1942〜2010）は石川県から歌手を目指し上京。米軍キャンプやキャバレー、日本初のシャンソン喫茶《銀巴里》などのステージに立ち、1967年にビクターからシングル「東京挽歌／アーメン・ジロー」をリリースしたものの、演歌系の楽曲によるレコードデビューが本人は不本意だったらしい。彼女の才能を見いだした寺山修司の構成演出による《アンダーグラウンド蝎座》での初の単独公演（68・12・13〜15）がキッカケで知名度が高まり〝アンダーグラウンドの女王〟として亡くなった後も人気が衰えていないが、1969年7月に東芝レコード（EXPRERSSレーベル）からリリースした再デビューともいえるシングル「夜が明けたら／かもめ」のAB面両曲が渡辺護『売春暴行白書（70）』の劇中で流れる。ちなみに、藤田敏八「新宿アウトロー ぶっ飛ばせ（70）」に出てくる〝BAR笑《しょう》子《こ》〟の場面にも2回ほど「かもめ」が流れ、加藤彰のロマンポルノ作品『恋狂い（71）』にも「夜が明けたら」が、『OL日記 牝猫の情事（72）』では浅川の「こんな風に過ぎて行くのなら」「さかみち」が挿入歌として使われている。

なお『売春暴行白書』では音楽のクレジットが〝伊藤直〟となっているがこれは山本晋也監督の本名で、井川耕一郎監督が渡辺監督から聴いた話によると「音楽に詳しくないから」と山本監督や荒井晴彦や小水一男らに(選曲を)任せていたようで、おそらく「アルハンブラの思い出」などをギター演奏している素材（レコード？）を山本監督が選んだ…という意味だろう。また、渡辺の『おんな地獄唄 尺八弁天（70）』では音楽が〝林伊久馬〟となっているが、同作品も山本監督が選曲を手がけたらしい。

平山正夫（1943〜）は東京都出身で尚美音楽院（現：尚美ミュージックカレッジ専門学校）卒のドラマー。1963年よりプロミュージシャンとして活動を始め、大橋秀夫『情怨の渦（64）』加戸野五郎『トルコ娘物語 覗かれた個室（64）』沢賢介『《かまきりの女》より 未亡人日記（66）』といったピンク映画や、テレビドラマ「名探偵明智小五郎シリーズ 怪人四十面相（66）」などで音楽を担当。ちなみに「〜怪人四十面相」には、小森白『日本拷問刑罰史（64）』大滝翠（＝小森）『青い乳房の埋葬（64）』などに〝森美沙（美佐）〟名義で出ていた梓英子（1947〜）が明智小五郎事務所の秘書・高月早苗役でレギュラー出演しており、監督の外山徹は〝三樹英樹〟名義で『四つの乳房（65）』『女の色欲（68）』『日本猟奇伝 乳房の絶叫（69）』などのピンク映画を監督。なお『〜未亡人日記』の製作・井上猛夫＆永田光男が企画＆製作を担当した神崎誠四郎『不倫妻（65）』に出ている田島辰夫は《ピエル・ブリヤント（のちのエノケン一座）》の俳優で、榎本健一と共に同劇団の座長をつとめた歌手＆ボードビリアン・二村《ふたむら》定一の妹と結婚し、山本嘉次郎「エノケンの近藤勇（35／三好慎三役）」渡辺邦男「お染久松（49／久作役）」青柳信雄「落語シリーズ 第二話 夏祭り落語長屋（54／赤西屋番頭役）」豊田敬太「少年と魚と海の物語（57）」

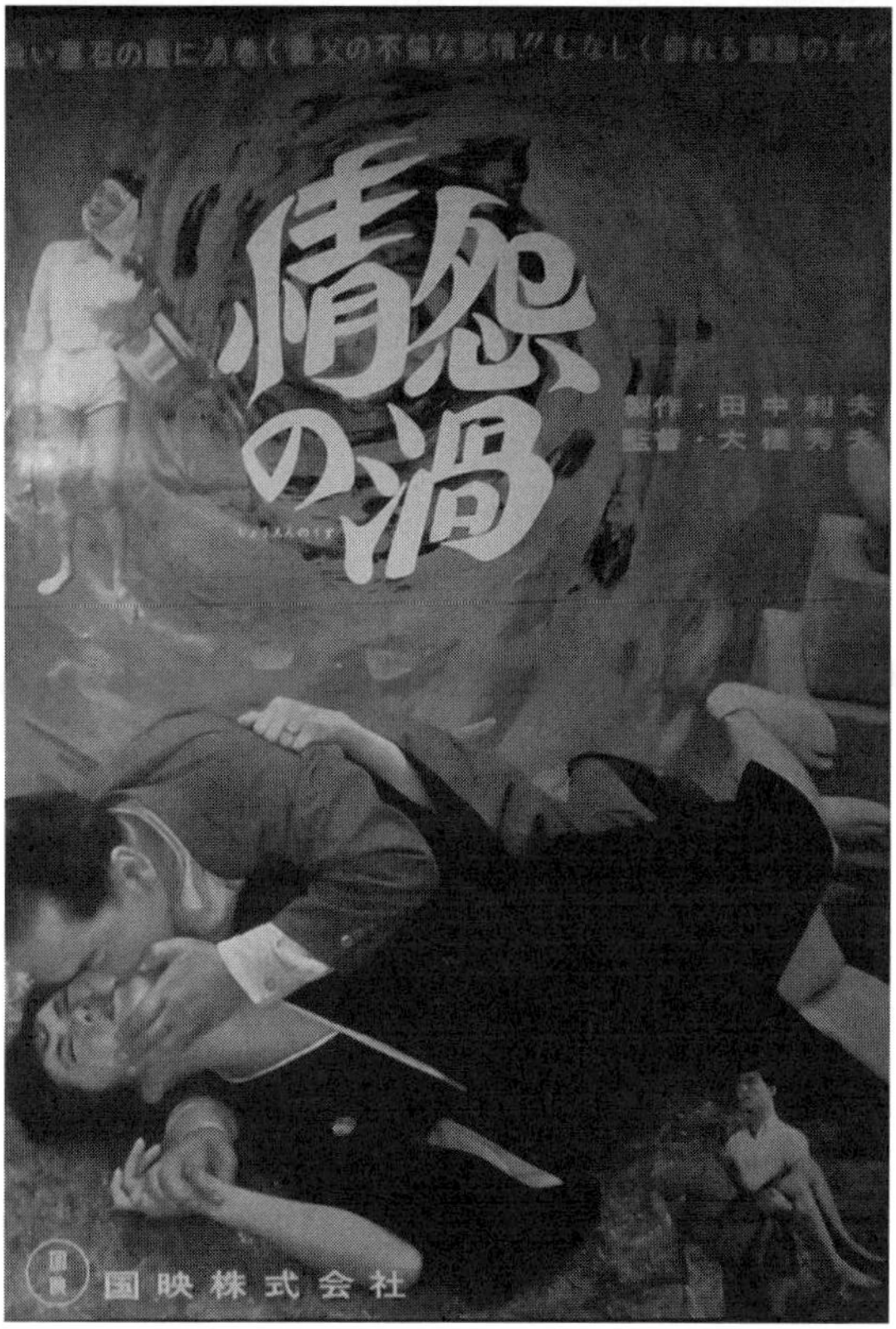


大橋秀夫『情怨の渦 (64)』。音楽・平山正夫一。左上の海女姿は扇町京子

といった映画や「横丁の大将 第一部・第二部（54〜55放送／大将の父役）」「海風が吹けば（56放送／第9回：竹田半蔵役）」「快傑黒頭巾（58〜60放送）」などのテレビドラマにも出演。『不倫妻』で田島と共演した竹股誠二は、松原四郎『濡れた女（65／〝竹股誠一〟名義）』佐々木元『毒婦（68／鑑識員A役）』などに出演し、長谷川一夫が月形半平太役を演じた東京宝塚劇場の舞台「春歓楽の花は咲く（63年5月公演）」にも〝町の男〟の一人として竹股の名前が。

安田南（1943〜2009）は北海道札幌市生まれだが、家族で東京に移住。高校卒業後は米軍キャンプやキャバレーでジャズ歌手をしながら俳優座養成所（古谷一行／峰岸徹らと同じ16期）で学ぶも中退。歌手活動の他にも目黒第十中学校で同級生だった佐藤信《まこと》（↑「ジャズ批評 2013年7月号（№174）」に安田と沖山秀子に関する佐藤のインタビューが掲載）らが設立した《自由劇場》《演劇センター68／71（現：劇団黒テント）》などの舞台に立ち、FMラジオのパーソナリティをつとめたり、「みなみの三十歳宣言（77・2刊）」〈晶文社〉を上梓するなどエッセイストとしても活躍したが、〝金曜日〟役でキャスティングされた若松孝二『天使の恍惚（72）』では二日ほど撮影した段階で突如降板し、新たに横山リエ（1948〜）が起用されて映画は完成。山下洋輔の項でもふれたサントラCD「若松孝二傑作選1：天使の恍惚」には横山の歌唱とされている「ウミツバメ」「ウミツバメ ver.II」「ここは静かな最前線」が収録されているが、「ウミツバメ ver.II」は降板前に安田が唄ったものらしい。なお、若松孝二「実録・連合赤軍あさま山荘への道程《みち》（08）」では劇中歌として渚ようこが「ウミツバメ」を

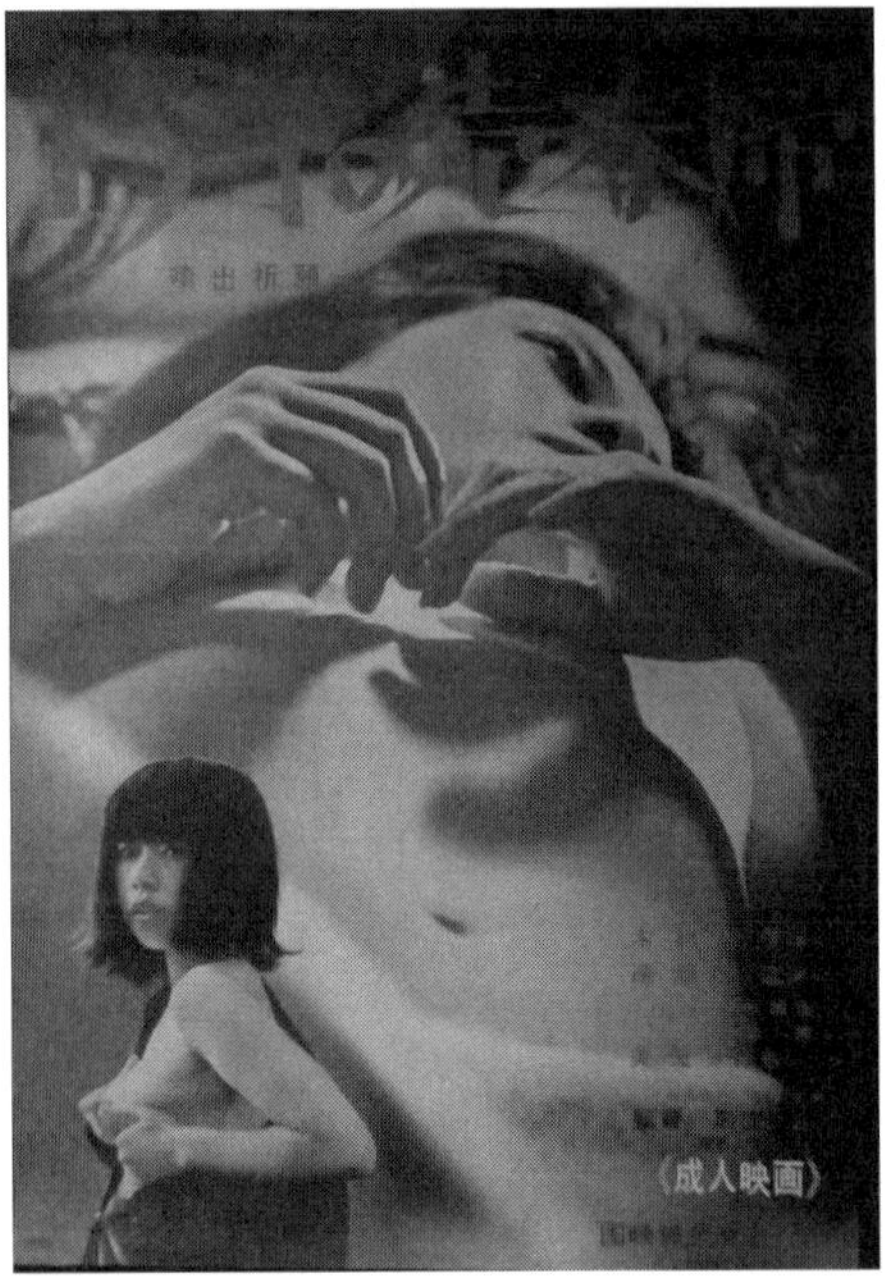


足立正生『噴出祈願　15才の売春婦(70)』。音楽・南正人。写っているのは新人の二人(木村牧子＆遠藤幸江)か？

「ここは静かな最前線」と改題して唄っており混同に気をつけたい。ちなみに、ディランⅡ《セカンド》の1stシングル「男らしいってわかるかい(71発売)」のB面曲「プカプカ」の歌詞は安田がモデルだと言われており、作詞作曲した〝象狂象〟こと西岡恭蔵もソロデビュー後に「プカプカ（みなみの不演不唱《ブルース》）」として、他にも殿岡ハツエ／俳優座養成所の先輩（15期）でもある原田芳雄／桃井かおり／奥田民生など多くの歌手がカヴァーしている。

南正人（1944〜2021）は東京外国語大学スペイン語学科在学中に欧米諸国など世界各地を丸二年に渡って放浪。帰国後はベトナム戦争の反戦集会などで歌い始め、高田渡や遠藤賢司らとフォーク集団「アゴラ」で活動もしていたロック&フォークシンガーだが、足立正生『噴出祈願 15才の売春婦（70）』の音楽を担当。その後も全国を回りながら演奏活動を続けていたが、2021年1月7日に横浜《サムズアップ》でのライヴ中に意識を失い、解離性大動脈瘤により急死した。

扇ひろ子（1945〜）は広島県広島市段原中町(現：南区段原)生まれで、愛媛県の祖父母宅で9歳まで養育されたのち母親と共に大阪市西区で育ち、高校卒業後に日本コロムビアと契約したが、1967年3月に発売されて大ヒットし同年末の第18回NHK紅白歌合戦の出場曲にもなった「新宿ブルース（作詞：滝口暉子／作曲：和田香苗）」が大沼享『現代㊙女残酷史 告白(67)』のタイトルバック／劇中／エンディングなどで流れる。なお、滝口暉子は北原謙二「東京砂漠」扇ひろ子「ネオン・ブルース」青江三奈「あなたに泣いた」などを作詞しているが詳しい経歴は不明。和田香苗（1932〜2001）は愛媛県宇和島市出身で、堀江美都子が唄う「ハクション大魔王（69〜70放送）」のエンディング曲「アクビ娘の歌」／島崎由理（現：しまざき由理）が唄う「昆虫物語 みなしごハッチ（70〜71放送）」のエンディング曲「ママをたずねて」といったアニメソングを作曲し、アニメ歌手の水木一郎や演歌歌手の冠二郎らを育て、冠が唄う「炎」「ムサシ」「バイキング」などの作曲も。

足立正生『性地帯［セックスゾーン］(68)』。音楽・関田昇介。下部のアップは水城リカか

早川義夫（１９４７〜）らによって結成されたロックバンドで、若松孝二『腹貸し女（68）』の音楽を担当（&出演）した【ジャックス（ＪＡＣＫＳ）】については前にもふれているが、その音源を40年の時を経て初ソフト化したサントラＣＤ「若松孝二傑作選３：腹貸し女（08・10・4発売）」〈ＳＯＬＩＤ ＲＥＣＯＲＤＳ〉や、そこから「マリアンヌ」「われた鏡の中から」を選んで収録した7インチシングル「腹貸し女（17・7・26発売）」なども。

関《せき》田《た》昇介（１９４９〜）は足立正生『性地帯《セックスゾーン》（68）』若松孝二『新日本暴行暗黒史 復讐鬼（69）』などの音楽を手がけているが、荒木とよひさ（Ba／テレサ・テン「時の流れに身をまかせ」などの作詞家）&山口ますひろ（Gt&Vo）&小川よしあき（Gt）が結成し１９７５年6月にシングル「暑中見舞／約束」でデビューしたフォークグループ「伝書鳩」に小川の後任として途中加入（〝関田しょうすけ〟名義）し、2ndアルバム「目覚めた時には晴れていた（76・8・25発売）」収録の「夕暮れ」「電話待ち」などの作詞・作曲も担当。１９７７年の解散後は作曲家となり、テレビアニメ「はいからさんが通る（78〜79放送）」の同名オープニングテーマやエンディングテーマ「ごきげんいかが？紅緒です」（どちらも作詞は中里綴＝女優の江美早苗）の作曲を手がけると共に自身の歌声も披露しており、編曲も元・伝書鳩のメンバーである山口が担当。また、日吉ミミが唄うピップ内服液のＣＭソング「君を愛して」の作曲も関田。

関口直人（１９４９〜）は古書店《山王書房》の店主・関口良雄の長男で、モコ・ビーバー・オリーブ「海の底でうたう唄（69発売）」などを作曲しているが、秋山駿（＝津崎公平）『性のうずき（72）』の音楽も手がけ、１９７２年にはＣＭ音楽製作会社《ＯＮ・アソシエイツ音楽出版》に入社して主宰の大森昭男に師事。２００５年からはフリーのＣＭ音楽プロデューサーとして活躍しており、２００９年にリリ

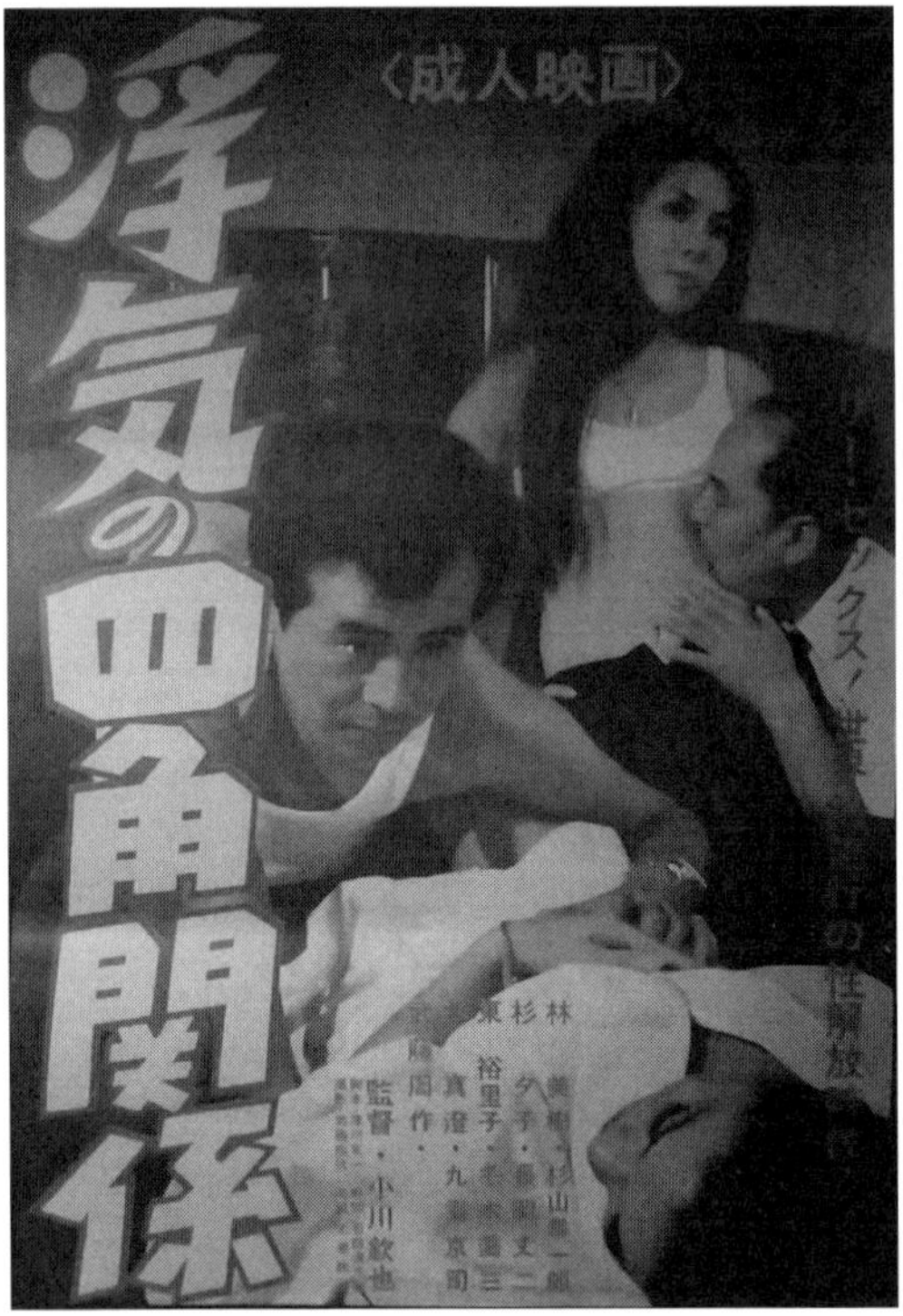


『浮気の四角関係 (70)』。音楽・長瀬貞夫。右上の女性は林美樹、男性は九重京司。中央の男性は杉山拳一郎か？

ースされた西海孝のアルバム「空を走る風のように、海を渡る波のように」の作詞を手がけたり、相原裕美のドキュメンタリー映画「音響ハウス Melody-Go-Round（20）」へ出演も。なお、雑誌「レコード・コレクターズ」の濱田高志氏による連載〝ブラウン管の向こうの音楽職人たち〟では、木田高介（元・ジャックス）かしぶち哲郎（元・はちみつぱい）など若松プロ作品に参加経験がある人々との交流にもふれられている。

藤圭子（1951〜2013）は岩手県一関市生まれの歌手で「新宿の女」「女のブルース」などのヒット曲があり、娘の宇多田ヒカルもシンガーソングライターとして活躍しているが、1970年4月25日にリリースされた藤の3rdシングル「圭子の夢は夜ひらく（作詞：石坂まさを／作曲：曽根幸明）」が、三部構成のオムニバス映画『愛して抱いて！（70）』で野川浩が監督したパート『愛して抱いて！抱いて泣かせて』の劇中で流れ、同曲のインスト・バージョンも使われている。

長瀬貞夫（19??〜1998）の詳しい経歴は不明だが、作詞家の大高ひさを（1916〜1990）が編集者をしていた歌謡専門誌「歌謡春秋」で1946年に「雨の浦賀」が一般公募入選作品となったのがキッカケでプロの作曲家となったようで、小森白「暁の非常線（57）」加戸野五郎「怪談海女幽霊（60）」など旧・新東宝作品の映画音楽／松山恵子「ドラが鳴るまで出船まで」「恋暦（「仁侠河内くずし」のB面）」などの作曲／音曲漫才トリオ「かしまし娘」のテーマソングの作曲（←註：音曲漫才師の都上英二による作曲説も）を手がけているが、小林悟『肉体市場（62）』『怪談残酷幽霊（64）』や『強烈な情事（65）』『浮気の四角関係（70）』といった小川欽也〈卓寛／和久〉作品を中心に1972年までに70本以上、以降も小川の『新怪談色欲外道 お岩の怨霊四谷怪談（76）』

など1977年頃まで映画音楽を担当。なお『新怪談～』の撮影・柳田友貴〈友春〉は、大滝翠（＝小森白）『女子中学生の性犯罪（71）』井筒和生（＝和幸）『女教師 覗かれた暴行現場（80）』関根和美『喪服妻のよろめき（01）』といったピンク映画（80年代以降は小林悟作品が多い）を中心に約200作品もの撮影を手がけ、石井輝男「地獄（99）」の撮影にも参加し、2005年に急逝した女優・林由美香出演の韓国産エロ系OV作品「東京の人妻 純子」に関する謎を巡って関係者などに取材した松江哲明のドキュメンタリー映画「あんにょん由美香（09）」への出演も。

長島史幸（19??～2006）は「冒険漫画人形劇・鉄腕アトム（57放送）」や1959年に清水金一が旗揚げした《劇団モカル座》そして経堂一郎『愛情開眼（67）』などの音楽も担当している作曲家&アコーディオン奏者で、ザ・ファニーズ（「ザ・タイガース」の前身バンドと同名だが別のグループ）がテイチクから発売した自主制作盤「淋しいの／恋の涙」の担当ディレクターとしてもクレジット。また、音楽活動の他にも〃シャリホーツ長島〃の名前で《九官鳥真理教》なる怪しげな団体を立ち上げたり、アコーディオン占い師〃キューピッド長島〃としてテレビなどにも出演し、「別冊宝島181 オカルトごっこ」には写真入りの取材記事も。ちなみに長島は東元（＝梅沢）薫『好色坊主 四十八手斬り（69）』の酒巻輝男が所属していた小野栄一の《小野プロ》の業務を引き継いだ唐沢俊一（小野の甥）の《カラサワ企画》にいた時期もあったらしい。

長島史幸の"キューピッド長島"時代

橋場清（?～1995?）は1967年に発売された北大路欣也のシングル「風のバラード」のB面曲「ぼくがいるから」の作曲&編曲や、《ハンナ・バーベラ・プロダクション》製作の米国テレビアニメ「チキチキマシン猛レース」「ドラドラ子猫とチャカチャカ娘」などの印象的な日本語版主題歌を作曲しているが、それらの日本語吹替を演出した高桑慎一郎が三輪孝輝と共同監督した劇場版アニメ『ヤスジのポルノラマ やっちまえ!!（71）』の音楽や主題歌「ドバ・ドバ・ソング（歌：ザ・ラニアルズ）」「ロンリー・ブルース（歌：杉かおる）」の作曲も担当し、1971年9月には両曲を収録したEPがキャニオンから発売。また、辺見マリ「私生活」「経験」「めまい」（全て作詞：安井かずみ／作曲：村井邦彦／編曲：川口真）が挿入歌として『～やっちまえ!!』に使われている。なお、同作品の製作会社《東京テレビ動画》が前に立川雄三の項でふれた《日本放送映画（＝国映のテレビ製作部門》や、封印作品として有名な日本テレビ版「ドラえもん（73放送）」の製作会社《日本テレビ動画》と人的な繋がりがあることなどは、安藤健二の著書「封印作品の憂鬱（08・11・15刊）」〈洋泉社〉に詳しい。橋場はテレビドラマ「浮世絵 女ねずみ小僧（71／72／74放送）」や、同ドラマ第2&3シリーズの主題歌である平田隆夫とセルスターズ「急げ風のように」の作曲も手がけているが、セルスターズのギタリストである菊谷英二はザ・タイガースが日本武道館にファンを招いて開催した「花の首飾り」「銀河のロマンス」の発表会（↑タイガースの初主演映画「世界はボクらを待っている」のロケ撮影もあった）で前座を務めた経験もあるザ・ルビーズの元メンバーで、橋場はルビーズの「さよなら、ナタリー」「恋のピストル」なども作曲。なお『～やっちまえ!!』の原作者である漫画家の谷岡ヤスジ（1942～1999）はユニバースプロが製作しロマンポルノ枠で公開された向井寛『実録（秘）通勤痴女日記（76）』に出演。そして曽根中生が1984年に監督したが諸事情でお蔵入りし、2012年の日活100周年記念特別企画【生きつづけるロマンポルノ】で初公開された『白昼の女狩り』は、もともと谷岡が監督する予定だったらしい。

若山浩一は「プリンス・イゴール（40・11・1～4／有楽座）」「第九十九回日劇ステージ・ショウ 志願兵（41・10・28～11・6）」といった舞台に作曲として参加したり、山本弘之「あなたは狙はれてゐる（42）」日高繁明「哀愁の街に霧が降る（56）」高橋克雄「子鬼の祭（61／11分）」といった映画や「白い鹿の幻想（53・2・21放送）」「TVミュジカル・ショー エノケンの孫悟空（57放送）」「唐人お吉（65放送）」といったテレビドラマの音楽を手がけ、佐谷功・編「日本民族舞踊の研究（1943刊）」〈東宝書店〉には「八重山の民謡」「日向の民謡紹介」「朝鮮民謡雑記」といった文章を寄稿しているが、奥山大六郎&坂谷英男が監督した短編映画『受胎の神秘（58／16分）』の音楽も担当。同作品は山之内製薬株式会社が企画&日映科学映画製作所が製作&旧・新東宝が配給した科学映画で成人指定もないが、〝初めて公開される妊娠の実態！産児制限と避妊の生理現象〟という扇情的な惹句をみると、あえて性的に興味深い内容だと誤解させる宣伝をしていたフシがある。なお『受胎～』の撮影・後藤淳は樋口源一郎「声なきたたかい ―まつけむしの一生―（55／20分）」丸山章治「雅楽（57／20分）」奥山大六郎「ピアノへの招待（59／26分／文部大臣奨励賞）」といった文化映画で撮影を。後藤や下尾彰彦と共に『受胎～』の撮影を手がけた高山富雄は諸岡青人「This is HONDA（62／32分）」松本俊夫「美浜原子力発電所 第一部 ― 建設準備編（66／28分）」附田博「日本誕生 ―民族の歴史 ―（66／32分／文部省選定・優秀映画鑑賞会推薦）」といった文化映画で撮影を。『受胎～』

の照明・城戸博司は伊賀山正徳「女性の力（39）」吉村廉・春原政久「街の魂（40）」や松尾一郎・松川八洲雄「日本の合成ゴム（60／20分／日本紹介映画コンクール外務大臣賞受賞）」奥山大六郎「黎明　第二部 建設編（71／30分）」などの文化映画で照明を担当。

**岩尾徹**は1943年に開催された「第百廿七回日劇ショウ　八重山の乙女」「第百廿八回日劇ショウ　敵都大爆撃」「第百廿九回日劇ショウ　日劇都おどり」などに作曲や指揮として参加し、大岡紀の中編映画「愛は鉄窓を越えて（57／48分）」牧野守が構成を手がけたドキュメンタリー映画「激動の20世紀（64）」などの他に、〝ピンク映画〟という呼称が生まれるキッカケになったとも言われている関孝司〈孝二〉『情欲の谷間（63）』で音楽を手がけているが、詳しい経歴は不明。

**御法川《みのりかわ》清一**〈清壱〉は松石修が構成&編集した「日本五大戦争（57）」青戸隆幸「洞窟の秘密（59）」高城浩『女の秘境（64）』などで音楽を手がけており、鈴木英夫&増村保造が構成としてクレジットされている八木晋一（＝作画監督：杉山卓&美術監督：影山勇&撮影監督：岸本政由による共同ペンネーム）のアニメ映画「九尾の狐と飛丸（68）」では効果を担当。なお、手元にある「ダイヤ族」というポスターにも音楽（担当）として御法川（註：〝御注川〟と誤記）の名前がある。これは、性に関する研究組織「相対会」の設立者としても有名な医学博士の小倉清太郎&化学者の大森昌夫&カメラマンの林田重男がボルネオ島にいたダイヤ（Ｄａｊａｋ＝ダヤク）族に取材し鈴木重吉が編集した記録映画で、フィルムセンター（現：国立映画アーカイブ）の【発掘された映画たち2005】でも上映された「バンサ（34）」の改題版だと思われるが、この時に掛かったのは《ドイツ連邦アーカイヴ》から里帰りした17分の短縮版であり、1934年に有楽町の邦楽座で封切られたサウンド版（52分／7巻／1416ｍ）とは音楽が差し替えられているようだ。ただ「ダイヤ族」のポスターには構成：上島雅文／編集：入澤良平／解説：宮田輝とあり、製作：上島／音楽：御法川／ナレーション：宮田…とスタッフが共通している短編記録映画「アラスカ道中記」が1959年に公開されているので、その頃に再構成した版なのかも。

**林善之助**は美空ひばり主演&佐々木康監督「いろは若衆　ふり袖ざくら（59）」で里見浩太郎〈浩太朗〉が唄う挿入歌「女難はまっぴら」の作曲や、甲斐清二『痴情の罠（65）』テレビドラマ「愛の珊瑚礁（68放送）」などで音楽を手がけているが、三樹英樹『四つの乳房（65）』山根三樹『泥沼の歓び（65）』の〝林善三〟や、安芸敬三（＝津崎公平）『崩れた官能（68）』の〝林善之〟なども同一人物か。なお『泥沼の歓び』の照明・神谷徹は家城巳代治「ともしび（54）」新藤兼人「狼（55）」

などの照明助手を経て、吉村公三郎「堕落する女（67）」「眠れる美女（68）」「甘い秘密（71）」の照明を担当。『泥沼の歓び』に出ている芹昌郎は、西村潔「白昼の襲撃（70）」篠田正浩「無頼漢（70）」池広一夫「無宿人御子神の丈吉　黄昏に閃光が飛んだ（73／渡世人役）」や、「オレとシャム猫／第7話：電気椅子に坐ったアヒル（69・3・19放送）」「無用ノ介／第15話：天にさけぶ無用ノ介（69・7・19放送／侍役）」「新平四郎危機一発／第6話：まぼろしの女（69・11・5放送）」「アイアンキング／第15話：マラソン怪獣カプリゴン（73・1・21／幻の葉月役）」といったテレビドラマに出演。そして吉村の「襤褸《らんる》の旗（71）」の照明・木村吉昭は木俣堯喬『人肉の市（68）』和田嘉訓「銭ゲバ（70）」根本順善「愛のなぎさ（76）」などの照明も。

**深澤康雄**は特撮ドラマ「ナショナルキッド（60～61放送）」や、朝岡忠『青い悦楽（65）』で音楽を担当。その後も土曜ワイド劇場枠のテレビドラマ「東京空港殺人事件（77・8・2放送／脚本：新藤兼人＋演出：齋藤武市）」「松本清張のガラスの城（77・12・3放送／脚本：神波史男＋演出：齋藤武市）」「女教師（78・4・15放送／脚本：新藤兼人＋演出：齋藤武市）」や、松本俊夫「隈取（83）」樋口源一郎「弘法大師空海（88）」といった短編記録映画の音楽を手がけており、りんたろうが監督したOVA「悪魔《ディモス》の花嫁 蘭の組曲（88・10・5発売）」では〝音楽コーディネーター〟としてクレジット。

**折橋《おりはし》専太郎**は鈴村一郎「涯ない潮路」を作曲したり、ラジオドラマ「メイコのお婿さん探し（55放送）」「のり平のロケット博士と月の兎（63・1・3放送）」や鶴巻次郎『雪肌《ゆきはだ》の情熱（66）』横井充『女高生のふるえ（66）』などの音楽を手がけ、鶴巻の『やわ肌ざんげ（66）』では劇場場面の音楽を担当。他にもテレビコメディ「なんでも１１０番（66～67放送）」の音楽や八木治郎司会のテレビバラエティ「万国びっくりショー（67～71放送）」のテーマ音楽の作曲なども。

**白井多美雄**（?～２０１１）は若松孝二『いろはにほへと 性賊〈SEX・JACK〉（70）』の録音や、武田有生『淫らな悪女 性遊記（72）』小林悟『鏡の中の野心（72）』などの音楽を担当し、その後はテレビアニメ「ストップ!!ひばりくん!（83～84放送）」テレビドラマ「禁じられたマリコ（85～86放送）」などに選曲として参加しているが、前にダニエル・ホワイトの項でもふれたように〝音楽担当〟といっても実際はライブラリ音源からの選曲が主な仕事だったのかもしれない。

**西山登**は、南部泰三『赤い牝猫（64）』扇町京子『やくざ芸者（65）』などの撮影を手がけた塩田繁太郎も参加した「アラーの使者（60放送）」峰和子の項でもふれた手塚治虫原作の「ピロンの秘密（60～61放送）」といったテレビドラマや、倉橋良介「闇法師（60）」増村保造「恋にいのちを（61）」堀池清「その人は遠く（63）」若松孝二『白い肌の脱出（64）』『情事の履歴書（65）』岸信太郎『花と蛇（65）』などの映画音楽を手がけており、『白い肌の脱出』の同名主題歌（作詞：小林高雄／唄：若原珠美〈珠実〉）の作曲も担当。なお小林の経歴は不明で、若原は若松の『血は太陽よりも赤い（66）』『ひき裂かれた情事（66）』『白の人造美女（66）』『網の中の暴行（67）』などに出ている女優だが、やはり詳しい経歴はわからない。また、南部泰三が企画としてクレジットされた糸文弘『深夜の野獣（69）』の撮影・太田幸男は豊田四郎「風ふたゝび（52）」谷口千吉「夜の終り（53）」などの撮影助手を経て、須川栄三「みな殺しの歌より 拳銃よさらば！（60）」岡本喜八「顔役暁に死す（61）」古沢憲吾「重役候補生№1（62）」などで撮影を担当。

西出次郎は春原政久「七色の花（50）」で青葉笙子が唄った同名主題歌の作曲や関喜誉仁「妻恋峠（56）」の音楽などの他に、中島そのみが唄った森永乳業のCMソング「まみむめもりながの歌」の作曲、内田宏『つれこみ（66）』の音楽も手がけている。ちなみに福田晴一「りんどう鴉（57）」で馬子お千代役を演じた島倉千代子が劇中で唄う「りんどう峠」の編曲も西出だが、島倉の「からたち日記」の編曲は既出の牧野昭一で、「鳳仙花」の編曲も前にふれた齋藤恒夫。

高森照邦〈照国〉は新栄プロダクションが製作し後にピンク映画の製作＆配給会社となる新東宝興業が１９６２年に配給（←１９５９年封切説もありポスターに旧・新東宝のロゴマークも使われているが新東宝興業株式会社は１９５９年時点では存在していない。鈴木義昭「新東宝秘話 泉田洋志の世界」でも１９６２年封切との記述）した三輪彰の短編「ハンマー・キット」シリーズの主題歌の作曲や、沢賢介『喜劇新婚の悶え（63）』小森白『日本拷問刑罰史（64）』『金色《こんじき》の肌（65）』湯浅浪男『性宴（65）』そして湯浅らが設立した《第7グループ》が製作し松竹が配給した安藤昇の初出演作品「血と掟（65）」などで音楽を担当。「有馬徹とノーチェ・クバーナ」がテイチクから発売した「有馬徹のラテン軍歌集」には、後に〝池多孝春〟名義で北島三郎「与作」吉幾三「酒よ」などを編曲する池田孝や、渡哲也「東京流れ者」石原裕次郎「夜霧を今夜も有難う」などを編曲する山倉たかしと共に編曲としてクレジット。なお『～新婚の悶え』で記録（スクリプター）をつとめた奈賀愛子は亀井文夫「いのちの詩《うた》（59／39分／日本生命創業70年記念作品）」吉村公三郎「襤褸の旗（74）」や特撮ドラマ「ナショナルキッド（60～61放送）」などで記録を、『～新婚の悶え』で録音をつとめた中野倫治は犬塚稔「元禄水滸伝（52）」木村恵吾「おしどりの間（56）」中川信夫「男の嵐（63）」などで録音を担当。（ひがしや・としき）

一冊。他に「日本劇映画総目録」(監修)「右翼・民族派組織総覧」(国書刊行会)など。新刊に「血湧き肉躍る任侠映画」(国書刊行会)。

布村建　伊藤俊也氏の小説「方丈平家」は新作映画より評価。歴史小説としても興味ふかい。長いおつき合いですが真面目な人ですね。ほぼ同世代満八三歳お元気。過日ＮＨＫで「わが谷は緑成りき」視聴。讃美歌の歌詞字幕は立派。

沼崎肇　1956年生まれ。『月の輝く夜に』のオリンピア・デュカキス、どう考えても大した演技じゃないのにアカデミー賞。いとこの民主党知事が翌年の大統領選挙に出るんで、その宣伝のために受賞させたに決まってる。ああイヤらしい。

長谷川康志　1978年横浜生まれ。双子座・AB型。酒豆忌（中川信夫監督を偲ぶ集い）実行委員。座右の銘「人間 いちばん あかん」(中川信夫)

東舎利樹　1966年生まれ。根津甚八の初出演映画だが長らく再上映の機会もなかった若松孝二の『濡れた賽ノ目』が今年4月にDVD化。ちなみに1974年9月11日の封切では『(秘)色情めす市場』『江戸艶笑夜話　蛸と赤貝』と同時上映だったようだ。

藤元直樹　1965年生まれ。長年、気になっていた森鴎光。片岡一郎（『活動写真弁史』）さん、近藤和都（『映画館と観客のメディア論』）さんに情報を提供いただいたりしたので、そろそろ年貢を納めたいところ。

冬樹薫　1932年東京生まれ。私が早稲田の学生だった頃、《演博》横、中華料理《南洲庵》？に、よく通ったものだ。お店でよく、お会いしたのが、大顔の飯島正先生。国活の原稿を書きながら、何でそんなこと思い出したのかな？

最上敏信　1948年東京生まれ。印刷された活字は訂正されずに永遠に紙に残る。改訂版でもカイテイされない、とは恐ろしい。恐らく執筆者も仕事でやったそんなムカシノハナシ当然覚えてイマセン、となるのだろう。出演本数を数えるくらい誰にでも出来ることだが、こうして比較してみるとよーくワカリマセン？

**『映画論叢 58号』**の予告

歌謡映画小論　歌うスター・高田浩吉　二階堂卓也

ルパンの翻訳者　保篠龍緒の「妖怪無電」　湯浅篤志

映画の終焉　モンテ・ヘルマンの死　関口良一

鴎光・森富太　オリンピックを呼んだ活動弁士　藤元直樹

声のサム・スペード　ハワード・ダフというタフガイ　千葉豹一郎

●好評連載　布村建、奥薗守、最上敏信、飯田一雄、東舎利樹

執筆者紹介（五十音順）

猪股徳樹　1942年生まれ。『黄色いリボン』は撮影でオスカー受賞。問題は我々が観るソフトの色彩。輸入会社の誰かが作った色を観ているのだ。満足出来ない『黄色いリボン』DVDが随分溜まってしまった。そんなこの頃。

内山一樹　1954年生まれ。世界的コロナ禍の中、昨年8月末（日本は9月）に世界公開された『TENET テネット』は、池袋のグランドシネマサンシャインが世界一の成績を挙げ、劇場にはノーラン監督直筆の礼状が飾ってあった。

奥薗守　1932年生まれ。教育及び産業関係の映画、ビデオ等のプロデュース、監督、シナリオを手掛ける。自称、水木洋子の弟子。

片山陽一　1974年生まれ。五月歌舞伎座、錦之助・梅枝の「道行旅路の花聟」が目に残ります。

川喜多英一　1957年生まれ。テレビ「眠狂四郎」を見た森茉莉は「ひとりでニヒルになりくりかえって…」と田村正和の演技に否定的だった。とはいえ、己の力量を見極め、敢えて藝域を狭めたのは〝でかした〟のではないだろうか。

北里宇一郎　1951年生まれ。キネ旬1959年ベストテン。木下惠介『風花』の選者は野口久光、双葉十三郎、淀川長治。やっぱ通好みの映画。それでも13位。映画的魅力より時流に乗った作品が優位なのは今も同じか。

小関太一　1964年生まれ。『あの映画を観ないと死ねない』などとつい最近まで騒いでいたのに、コロナ禍で映画館が封鎖された途端に安全おうちシアターだと？　ずっと見せる側だったのにこの体たらく。映画も廃るが自分も廃っていく。これで良いのか？　それともこれが本当の自分？

重政隆文　1952年、大阪生まれ。大阪在住。映画館や本屋、図書館が閉まっていると、いろいろ困る。

ダーティ工藤　1954年生まれ。監督・緊縛師・映画研究家。2004年に出版した拙著「大俳優　丹波哲郎」が来年7月17日のボスの生誕100年の誕生日に合わせてワイズ出版より文庫本として再発売することになった。

谷輔次　1950年生まれのCINEMA EXCAVATOR（發掘人）。「映画論叢」には「高宮敬二自叙伝」「70ミリ女優・上月左知子」を寄稿。酒豆忌（中川信夫監督を偲ぶ集い）実行委員、MM日乗編集委員、硫黄島協会広報部長、正定事件の捏造を正す会理事。ワイズ出版で編集協力、最新刊は「木久扇のチャンバラ大好き人生」「ゴダール、わがアンナ・カリーナ時代」等。

永田哲朗　1931年生まれ。チャンバリスト。「殺陣」は時代劇愛好家必携の

**◆編輯後記にかえて**

リンダ・マンズ死去。『ワンダラーズ』(79年) での、不良集団にひとり混じってる少女役が強烈だった。周りがゴツい連中ばかりなんで、背の低い彼女は、もうほんとコドモみたい。ツッパッてても可愛いのね。数年後、旧作『天国の日々』が来て、よりコドモの頃を知る。演技もしっかりしてるし、大いに期待した…が、あとが続かず。デニス・ホッパー監督作もビデオだけだったし、『キング・オブ・ジプシー』にも出てたらしいが記憶なし。時分の花ってヤツだけど…マンズ嬢、オレと同い年だからね、感慨もひとしお。

46号以来中断していた連載「小林喜三郎と山川吉太郎」が復活した。開始したのは2号だから20年越しの長丁場となる。これは偏に編輯長がワルいのです。フィルムセンター (アーカイブ) で発掘モノがあれば解説をお願いする、戦前からのスタアが亡くなれば追悼を頼む…これじゃ落ち着いて連載なんか続けられませんよね。完結までは、あと数号の予定。冬樹さんも読者も宜しくお願いします。

丹野達弥

**映画論叢《えいがろんそう》 ㊼**

2021年7月15日初版第1刷発行
定価［本体1000円＋税］

編輯　丹野達弥《たんのたつや》
発行　㈱国書刊行会
〒174-0056 東京都板橋区志村1-13-15
Tel.03(5970)7421　Fax.03(5970)7427
https://www.kokusho.co.jp
装幀　国書刊行会デザイン室＋小笠原史子（株式会社シーフォース）
印刷・製本　㈱エーヴィスシステムズ

ISBN　978-4-336-07242-9　C0374